T&P BOOKS

I0170849

ENGELS

WOORDENSCHAT

THEMATISCHE WOORDENLIJST

NEDERLANDS
ENGELS

De meest bruikbare woorden
Om uw woordenschat uit te breiden en
uw taalvaardigheid aan te scherpen

3000 woorden

Thematische woordenschat Nederlands-Brits-Engels - 3000 woorden

Door Andrey Taranov

Woordenlijsten van T&P Books zijn bedoeld om u woorden van een vreemde taal te helpen leren, onthouden, en bestudering. Dit woordenboek is ingedeeld in thema's en behandelt alle belangrijk terreinen van het dagelijkse leven, bedrijven, wetenschap, cultuur, etc.

Het proces van het leren van woorden met behulp van de op thema's gebaseerde aanpak van T&P Books biedt u de volgende voordelen:

* Correct gegroepeerde informatie is bepalend voor succes bij opeenvolgende stadia van het leren van woorden
* De beschikbaarheid van woorden die van dezelfde stam zijn maakt het mogelijk om woordgroepen te onthouden (in plaats van losse woorden)
* Kleine groepen van woorden faciliteren het proces van het aanmaken van associatieve verbindingen, die nodig zijn bij het consolideren van de woordenschat
* Het niveau van talenkennis kan worden ingeschat door het aantal geleerde woorden

Copyright © 2015 T&P Books Publishing

Alle rechten voorbehouden. Niets uit deze uitgave mag worden verveelvoudigd, opgeslagen in een geautomatiseerd gegevensbestand en/of openbaar gemaakt in enige vorm of op enige wijze, hetzij elektronisch, mechanisch, door fotokopieën, opnamen of op enige andere manier zonder voorafgaande schriftelijke toestemming van de uitgever. U mag dit boek niet verspreiden in welk formaat dan ook.

T&P Books Publishing
www.tpbooks.com

ISBN: 978-1-78492-370-9

Dit boek is ook beschikbaar in e-boek formaat.
Gelieve www.tpbooks.com te bezoeken of de belangrijkste online boekwinkels.

BRITS-ENGELSE WOORDENSCHAT
nieuwe woorden leren

T&P Books woordenlijsten zijn bedoeld om u te helpen vreemde woorden te leren, te onthouden, en te bestuderen. De woordenschat bevat meer dan 3000 veel gebruikte woorden die thematisch geordend zijn.

- De woordenlijst bevat de meest gebruikte woorden
- Aanbevolen als aanvulling bij welke taalcursus dan ook
- Voldoet aan de behoeften van de beginnende en gevorderde student in vreemde talen
- Geschikt voor dagelijks gebruik, bestudering en zelftestactiviteiten
- Maakt het mogelijk om uw woordenschat te evalueren

Bijzondere kenmerken van de woordenschat

- De woorden zijn gerangschikt naar hun betekenis, niet volgens alfabet
- De woorden worden weergegeven in drie kolommen om bestudering en zelftesten te vergemakkelijken
- Woorden in groepen worden verdeeld in kleine blokken om het leerproces te vergemakkelijken
- De woordenschat biedt een handige en eenvoudige beschrijving van elk buitenlands woord

De woordenschat bevat 101 onderwerpen zoals:

Basisconcepten, getallen, kleuren, maanden, seizoenen, meeteenheden, kleding en accessoires, eten & voeding, restaurant, familieleden, verwanten, karakter, gevoelens, emoties, ziekten, stad, dorp, bezienswaardigheden, winkelen, geld, huis, thuis, kantoor, werken op kantoor, import & export, marketing, werk zoeken, sport, onderwijs, computer, internet, gereedschap, natuur, landen, nationaliteiten en meer ...

INHOUDSOPGAVE

UITSPRAAKGIDS

Letter	Engels voorbeeld	T&P fonetisch alfabet	Nederlands voorbeeld

Klinkers

a	age	[eɪ]	Azerbeidzjan
a	bag	[æ]	Nederlands Nedersaksisch - dät, Engels - cat
a	car	[ɑ:]	maart
a	care	[eə]	alinea
e	meat	[i:]	team, portier
e	pen	[e]	delen, spreken
e	verb	[ɜ]	als in urn
e	here	[ɪə]	België, Australië
i	life	[aj]	byte, majoor
i	sick	[ɪ]	iemand, die
i	girl	[ø]	neus, beu
i	fire	[ajə]	bajonet
o	rose	[əʊ]	snowboard
o	shop	[ɒ]	Fries - 'hanne'
o	sport	[ɔ:]	rood, knoop
o	ore	[ɔ:]	rood, knoop
u	to include	[u:]	fuut, uur
u	sun	[ʌ]	acht
u	church	[ɜ]	als in urn
u	pure	[ʊə]	werken, grondwet
y	to cry	[aj]	byte, majoor
y	system	[ɪ]	iemand, die
y	Lyre	[ajə]	bajonet
y	party	[ɪ]	iemand, die

Medeklinkers

b	bar	[b]	hebben
c	city	[s]	spreken, kosten
c	clay	[k]	kennen, kleur
d	day	[d]	Dank u, honderd
f	face	[f]	feestdag, informeren
g	geography	[dʒ]	jeans, jungle
g	glue	[g]	goal, tango
h	home	[h]	het, herhalen
j	joke	[dʒ]	jeans, jungle

Letter	Engels voorbeeld	T&P fonetisch alfabet	Nederlands voorbeeld
k	king	[k]	kennen, kleur
l	love	[l]	delen, luchter
m	milk	[m]	morgen, etmaal
n	nose	[n]	nemen, zonder
p	pencil	[p]	parallel, koper
q	queen	[k]	kennen, kleur
r	rose	[r]	roepen, breken
s	sleep	[s]	spreken, kosten
s	please	[z]	zeven, zesde
s	pleasure	[ʒ]	journalist, rouge
t	table	[t]	tomaat, taart
v	velvet	[v]	beloven, schrijven
w	winter	[w]	twee, willen
x	ox	[ks]	links, maximaal
x	exam	[gz]	[g] als in goal + [z]
z	azure	[ʒ]	journalist, rouge
z	zebra	[z]	zeven, zesde

Lettercombinaties

ch	China	[tʃ]	Tsjechië, cello
ch	chemistry	[k]	kennen, kleur
ch	machine	[ʃ]	shampoo, machine
sh	ship	[ʃ]	shampoo, machine
th	weather	[ð]	Stemhebbende dentaal, Engels - there
th	tooth	[θ]	Stemloze dentaal, Engels - thank you
ph	telephone	[f]	feestdag, informeren
ck	black	[k]	kennen, kleur
ng	ring	[ŋ]	optelling, jongeman
ng	English	[ŋ]	optelling, jongeman
wh	white	[w]	twee, willen
wh	whole	[h]	het, herhalen
wr	wrong	[r]	roepen, breken
gh	enough	[f]	feestdag, informeren
gh	sign	[n]	nemen, zonder
kn	knife	[n]	nemen, zonder
qu	question	[kv]	kwaliteit, Ecuador
tch	catch	[tʃ]	Tsjechië, cello
oo+k	book	[ʊ]	hoed, doe
oo+r	door	[ɔ:]	rood, knoop
ee	tree	[i:]	team, portier
ou	house	[aʊ]	blauw
ou+r	our	[aʊə]	blauwe
ay	today	[eɪ]	Azerbeidzjan
ey	they	[eɪ]	Azerbeidzjan

9

AFKORTINGEN
gebruikt in de woordenschat

Nederlandse afkortingen

mann.	-	mannelijk
vrouw.	-	vrouwelijk
mv.	-	meervoud
on.ww.	-	onovergankelijk werkwoord
ov.ww.	-	overgankelijk werkwoord
bn	-	bijvoeglijk naamwoord
bw	-	bijwoord
abn	-	als bijvoeglijk naamwoord
bijv.	-	bijvoorbeeld
enz.	-	enzovoort
wisk.	-	wiskunde
enk.	-	enkelvoud
ov.	-	over
mil.	-	militair
vn	-	voornaamwoord
telb.	-	telbaar
form.	-	formele taal
ontelb.	-	ontelbaar
inform.	-	informele taal
vw	-	voegwoord
vz	-	voorzetsel
ww	-	werkwoord

Nederlandse artikelen

de	-	gemeenschappelijk geslacht
het	-	onzijdig
de/het	-	onzijdig, gemeenschappelijk geslacht

Engelse afkortingen

sb	-	iemand
v aux	-	hulp werkwoord

vi	-	onovergankelijk werkwoord
vt	-	overgankelijk werkwoord
vi, vt	-	onovergankelijk, overgankelijk werkwoord
sth	-	iets

BASISBEGRIPPEN

1. Voornaamwoorden

ik	I, me	[aɪ], [miː]
jij, je	you	[juː]
hij	he	[hiː]
zij, ze	she	[ʃiː]
het	it	[ɪt]
wij, we	we	[wiː]
jullie	you	[juː]
zij, ze	they	[ðeɪ]

2. Begroetingen. Begroetingen

Hallo! Dag!	Hello!	[hə'ləʊ]
Hallo!	Hello!	[hə'ləʊ]
Goedemorgen!	Good morning!	[gʊd 'mɔːnɪŋ]
Goedemiddag!	Good afternoon!	[gʊd ˌɑːftə'nuːn]
Goedenavond!	Good evening!	[gʊd 'iːvnɪŋ]

gedag zeggen (groeten)	to say hello	[tə seɪ hə'ləʊ]
Hoi!	Hi!	[haɪ]
groeten (het)	greeting	['griːtɪŋ]
verwelkomen (ww)	to greet (vt)	[tə griːt]
Hoe gaat het?	How are you?	[ˌhaʊ ə 'juː]
Is er nog nieuws?	What's new?	[ˌwɒts 'njuː]

Dag! Tot ziens!	Bye-Bye! Goodbye!	[baɪ-baɪ], [gʊd'baɪ]
Tot snel! Tot ziens!	See you soon!	['siː ju ˌsuːn]
afscheid nemen (ww)	to say goodbye	[tə seɪ gʊd'baɪ]
Tot kijk!	Cheers!	[tʃɪəz]

Dank u!	Thank you!	['θæŋk juː]
Dank u wel!	Thank you very much!	['θæŋk ju 'verɪ mʌtʃ]
Graag gedaan!	My pleasure!	[maɪ 'pleʒə(r)]
Geen dank!	Don't mention it!	[ˌdəʊnt 'menʃən ɪt]

| Excuseer me, ... | Excuse me, ... | [ɪk'skjuːz miː] |
| excuseren (verontschuldigen) | to excuse (vt) | [tə ɪk'skjuːz] |

zich verontschuldigen	to apologize (vi)	[tə ə'pɒlədʒaɪz]
Mijn excuses.	My apologies.	[maɪ ə'pɒlədʒɪz]
Het spijt me!	I'm sorry!	[aɪm 'sɒrɪ]
Maakt niet uit!	It's okay!	[ɪts ˌəʊ'keɪ]
alsjeblieft	please	[pliːz]

Vergeet het niet!	Don't forget!	[ˌdəʊnt fəˈget]
Natuurlijk!	Certainly!	[ˈsɜːtənlɪ]
Natuurlijk niet!	Of course not!	[əv ˌkɔːs ˈnɒt]
Akkoord!	Okay!	[ˌəʊˈkeɪ]
Zo is het genoeg!	That's enough!	[ðæts ɪˈnʌf]

3. Vragen

Wie?	Who?	[huː]
Wat?	What?	[wɒt]
Waar?	Where?	[weə]
Waarheen?	Where?	[weə]
Waar ... vandaan?	From where?	[frəm weə(r)]
Wanneer?	When?	[wen]
Waarom?	Why?	[waɪ]

Waarvoor dan ook?	What for?	[wɒt fɔː(r)]
Hoe?	How?	[haʊ]
Welk?	Which?	[wɪtʃ]

Aan wie?	To whom?	[tə huːm]
Over wie?	About whom?	[əˈbaʊt ˌhuːm]
Waarover?	About what?	[əˈbaʊt ˌwɒt]
Met wie?	With whom?	[wɪð ˈhuːm]

Hoeveel? (telb.)	How many?	[ˌhaʊ ˈmenɪ]
Hoeveel? (ontelb.)	How much?	[ˌhaʊ ˈmʌtʃ]
Van wie?	Whose?	[huːz]

4. Voorzetsels

met (bijv. ≈ beleg)	with	[wɪð]
zonder (~ accent)	without	[wɪˈðaʊt]
naar (in de richting van)	to	[tuː]
over (praten ~)	about	[əˈbaʊt]
voor (in tijd)	before	[bɪˈfɔː(r)]
voor (aan de voorkant)	in front of ...	[ɪn ˈfrʌnt əv]

onder (lager dan)	under	[ˈʌndə(r)]
boven (hoger dan)	above	[əˈbʌv]
op (bovenop)	on	[ɒn]
van (uit, afkomstig van)	from	[frɒm]
van (gemaakt van)	of	[əv]
over (bijv. ~ een uur)	in	[ɪn]
over (over de bovenkant)	over	[ˈəʊvə(r)]

5. Functiewoorden. Bijwoorden. Deel 1

| Waar? | Where? | [weə] |
| hier (bw) | here | [hɪə(r)] |

13

daar (bw)	there	[ðeə(r)]
ergens (bw)	somewhere	['sʌmweə(r)]
nergens (bw)	nowhere	['nəʊweə(r)]

bij ... (in de buurt)	by	[baɪ]
bij het raam	by the window	[baɪ ðə 'wɪndəʊ]

Waarheen?	Where?	[weə]
hierheen (bw)	here	[hɪə(r)]
daarheen (bw)	there	[ðeə(r)]
hiervandaan (bw)	from here	[frɒm hɪə(r)]
daarvandaan (bw)	from there	[frɒm ðeə(r)]

dichtbij (bw)	close	[kləʊs]
ver (bw)	far	[fɑː(r)]

niet ver (bw)	not far	[nɒt fɑː(r)]
linker (bn)	left	[left]
links (bw)	on the left	[ɒn ðə left]
linksaf, naar links (bw)	to the left	[tə ðə left]

rechter (bn)	right	[raɪt]
rechts (bw)	on the right	[ɒn ðə raɪt]
rechtsaf, naar rechts (bw)	to the right	[tə ðə raɪt]

vooraan (bw)	in front	[ɪn frʌnt]
voorste (bn)	front	[frʌnt]
vooruit (bw)	ahead	[ə'hed]

achter (bw)	behind	[bɪ'haɪnd]
van achteren (bw)	from behind	[frɒm bɪ'haɪnd]
achteruit (naar achteren)	back	[bæk]

midden (het)	middle	['mɪdəl]
in het midden (bw)	in the middle	[ɪn ðə 'mɪdəl]

opzij (bw)	at the side	[ət ðə saɪd]
overal (bw)	everywhere	['evrɪweə(r)]
omheen (bw)	around	[ə'raʊnd]

binnenuit (bw)	from inside	[frɒm ɪn'saɪd]
naar ergens (bw)	somewhere	['sʌmweə(r)]
rechtdoor (bw)	straight	[streɪt]
terug (bijv. ~ komen)	back	[bæk]

ergens vandaan (bw)	from anywhere	[frɒm 'enɪweə(r)]
ergens vandaan (en dit geld moet ~ komen)	from somewhere	[frɒm 'sʌmweə(r)]

ten eerste (bw)	firstly	['fɜːstlɪ]
ten tweede (bw)	secondly	['sekəndlɪ]
ten derde (bw)	thirdly	['θɜːdlɪ]

plotseling (bw)	suddenly	['sʌdənlɪ]
in het begin (bw)	at first	[ət fɜːst]
voor de eerste keer (bw)	for the first time	[fɔː ðə 'fɜːst ˌtaɪm]

| lang voor ... (bw) | long before ... | [lɒŋ bɪ'fɔː(r)] |
| voor eeuwig (bw) | for good | [fɔː 'gʊd] |

nooit (bw)	never	['nevə(r)]
weer (bw)	again	[ə'gen]
nu (bw)	now	[naʊ]
vaak (bw)	often	['ɒfən]
toen (bw)	then	[ðen]
urgent (bw)	urgently	['ɜːdʒəntlɪ]
meestal (bw)	usually	['juːʒəlɪ]

trouwens, ... (tussen haakjes)	by the way, ...	[baɪ ðə weɪ]
mogelijk (bw)	possible	['pɒsəbəl]
waarschijnlijk (bw)	probably	['prɒbəblɪ]
misschien (bw)	maybe	['meɪbiː]
trouwens (bw)	besides ...	[bɪ'saɪdz]
daarom ...	that's why ...	[ðæts waɪ]
in weerwil van ...	in spite of ...	[ɪn 'spaɪt əv]
dankzij ...	thanks to ...	['θæŋks tuː]

wat (vn)	what	[wɒt]
dat (vw)	that	[ðæt]
iets (vn)	something	['sʌmθɪŋ]
iets	anything, something	['enɪθɪŋ], ['sʌmθɪŋ]
niets (vn)	nothing	['nʌθɪŋ]

wie (~ is daar?)	who	[huː]
iemand (een onbekende)	someone	['sʌmwʌn]
iemand (een bepaald persoon)	somebody	['sʌmbədɪ]

niemand (vn)	nobody	['nəʊbədɪ]
nergens (bw)	nowhere	['nəʊweə(r)]
niemands (bn)	nobody's	['nəʊbədɪz]
iemands (bn)	somebody's	['sʌmbədɪz]

zo (Ik ben ~ blij)	so	[səʊ]
ook (evenals)	also	['ɔːlsəʊ]
alsook (eveneens)	too	[tuː]

6. Functiewoorden. Bijwoorden. Deel 2

Waarom?	Why?	[waɪ]
om een bepaalde reden	for some reason	[fɔː 'sʌm ˌriːzən]
omdat ...	because ...	[bɪ'kɒz]

en (vw)	and	[ænd]
of (vw)	or	[ɔː(r)]
maar (vw)	but	[bʌt]
voor (vz)	for	[fɔːr]

| te (~ veel mensen) | too | [tuː] |
| alleen (bw) | only | ['əʊnlɪ] |

| precies (bw) | exactly | [ɪgˈzæktlɪ] |
| ongeveer (~ 10 kg) | about | [əˈbaʊt] |

omstreeks (bw)	approximately	[əˈprɒksɪmətlɪ]
bij benadering (bn)	approximate	[əˈprɒksɪmət]
bijna (bw)	almost	[ˈɔːlməʊst]
rest (de)	the rest	[ðə rest]

de andere (tweede)	the other	[ðə ˈʌðə(r)]
ander (bn)	other	[ˈʌðə(r)]
elk (bn)	each	[iːtʃ]
om het even welk	any	[ˈenɪ]
veel (telb.)	many	[ˈmenɪ]
veel (ontelb.)	much	[mʌtʃ]
veel mensen	many people	[ˌmenɪ ˈpiːpəl]
iedereen (alle personen)	all	[ɔːl]

in ruil voor ...	in return for ...	[ɪn rɪˈtɜːn fɔː]
in ruil (bw)	in exchange	[ɪn ɪksˈtʃeɪndʒ]
met de hand (bw)	by hand	[baɪ hænd]
onwaarschijnlijk (bw)	hardly	[ˈhɑːdlɪ]

waarschijnlijk (bw)	probably	[ˈprɒbəblɪ]
met opzet (bw)	on purpose	[ɒn ˈpɜːpəs]
toevallig (bw)	by accident	[baɪ ˈæksɪdənt]

zeer (bw)	very	[ˈverɪ]
bijvoorbeeld (bw)	for example	[fɔːr ɪgˈzɑːmpəl]
tussen (~ twee steden)	between	[bɪˈtwiːn]
tussen (te midden van)	among	[əˈmʌŋ]
zoveel (bw)	so much	[səʊ mʌtʃ]
vooral (bw)	especially	[ɪˈspeʃəlɪ]

GETALLEN. DIVERSEN

7. Kardinale getallen. Deel 1

nul	zero	['zɪərəʊ]
een	one	[wʌn]
twee	two	[tu:]
drie	three	[θri:]
vier	four	[fɔ:(r)]
vijf	five	[faɪv]
zes	six	[sɪks]
zeven	seven	['sevən]
acht	eight	[eɪt]
negen	nine	[naɪn]
tien	ten	[ten]
elf	eleven	[ɪ'levən]
twaalf	twelve	[twelv]
dertien	thirteen	[ˌθɜ:'ti:n]
veertien	fourteen	[ˌfɔ:'ti:n]
vijftien	fifteen	[fɪf'ti:n]
zestien	sixteen	[sɪks'ti:n]
zeventien	seventeen	[ˌsevən'ti:n]
achttien	eighteen	[ˌeɪ'ti:n]
negentien	nineteen	[ˌnaɪn'ti:n]
twintig	twenty	['twentɪ]
eenentwintig	twenty-one	['twentɪ ˌwʌn]
tweeëntwintig	twenty-two	['twentɪ ˌtu:]
drieëntwintig	twenty-three	['twentɪ ˌθri:]
dertig	thirty	['θɜ:tɪ]
eenendertig	thirty-one	['θɜ:tɪ ˌwʌn]
tweeëndertig	thirty-two	['θɜ:tɪ ˌtu:]
drieëndertig	thirty-three	['θɜ:tɪ ˌθri:]
veertig	forty	['fɔ:tɪ]
eenenveertig	forty-one	['fɔ:tɪˌwʌn]
tweeënveertig	forty-two	['fɔ:tɪˌtu:]
drieënveertig	forty-three	['fɔ:tɪˌθri:]
vijftig	fifty	['fɪftɪ]
eenenvijftig	fifty-one	['fɪftɪ ˌwʌn]
tweeënvijftig	fifty-two	['fɪftɪ ˌtu:]
drieënvijftig	fifty-three	['fɪftɪ ˌθri:]
zestig	sixty	['sɪkstɪ]
eenenzestig	sixty-one	['sɪkstɪ ˌwʌn]

| tweeënzestig | sixty-two | ['sıkstı ˌtu:] |
| drieënzestig | sixty-three | ['sıkstı ˌθri:] |

zeventig	seventy	['sevəntı]
eenenzeventig	seventy-one	['sevəntı ˌwʌn]
tweeënzeventig	seventy-two	['sevəntı ˌtu:]
drieënzeventig	seventy-three	['sevəntı ˌθri:]

tachtig	eighty	['eıtı]
eenentachtig	eighty-one	['eıtı ˌwʌn]
tweeëntachtig	eighty-two	['eıtı ˌtu:]
drieëntachtig	eighty-three	['eıtı ˌθri:]

negentig	ninety	['naıntı]
eenennegentig	ninety-one	['naıntı ˌwʌn]
tweeënnegentig	ninety-two	['naıntı ˌtu:]
drieënnegentig	ninety-three	['naıntı ˌθri:]

8. Kardinale getallen. Deel 2

honderd	one hundred	[ˌwʌn 'hʌndrəd]
tweehonderd	two hundred	[tu 'hʌndrəd]
driehonderd	three hundred	[θri: 'hʌndrəd]
vierhonderd	four hundred	[ˌfɔ: 'hʌndrəd]
vijfhonderd	five hundred	[ˌfaıv 'hʌndrəd]

zeshonderd	six hundred	[sıks 'hʌndrəd]
zevenhonderd	seven hundred	['sevən 'hʌndrəd]
achthonderd	eight hundred	[eıt 'hʌndrəd]
negenhonderd	nine hundred	[ˌnaın 'hʌndrəd]

duizend	one thousand	[ˌwʌn 'θaʊzənd]
tweeduizend	two thousand	[tu 'θaʊzənd]
drieduizend	three thousand	[θri: 'θaʊzənd]
tienduizend	ten thousand	[ten 'θaʊzənd]
honderdduizend	one hundred thousand	[ˌwʌn 'hʌndrəd 'θaʊzənd]
miljoen (het)	million	['mıljən]
miljard (het)	billion	['bıljən]

9. Ordinale getallen

eerste (bn)	first	[fɜ:st]
tweede (bn)	second	['sekənd]
derde (bn)	third	[θɜ:d]
vierde (bn)	fourth	[fɔ:θ]
vijfde (bn)	fifth	[fıfθ]

zesde (bn)	sixth	[sıksθ]
zevende (bn)	seventh	['sevənθ]
achtste (bn)	eighth	[eıtθ]
negende (bn)	ninth	[naınθ]
tiende (bn)	tenth	[tenθ]

KLEUREN. MEETEENHEDEN

10. Kleuren

kleur (de)	colour	['kʌlə(r)]
tint (de)	shade	[ʃeɪd]
kleurnuance (de)	hue	[hju:]
regenboog (de)	rainbow	['reɪnbəʊ]
wit (bn)	white	[waɪt]
zwart (bn)	black	[blæk]
grijs (bn)	grey	[greɪ]
groen (bn)	green	[gri:n]
geel (bn)	yellow	['jeləʊ]
rood (bn)	red	[red]
blauw (bn)	blue	[blu:]
lichtblauw (bn)	light blue	[ˌlaɪt 'blu:]
roze (bn)	pink	[pɪŋk]
oranje (bn)	orange	['ɒrɪndʒ]
violet (bn)	violet	['vaɪələt]
bruin (bn)	brown	[braʊn]
goud (bn)	golden	['gəʊldən]
zilverkleurig (bn)	silvery	['sɪlvərɪ]
beige (bn)	beige	[beɪʒ]
roomkleurig (bn)	cream	[kri:m]
turkoois (bn)	turquoise	['tɜ:kwɔɪz]
kersrood (bn)	cherry red	['tʃerɪ red]
lila (bn)	lilac	['laɪlək]
karmijnrood (bn)	crimson	['krɪmzən]
licht (bn)	light	[laɪt]
donker (bn)	dark	[dɑ:k]
fel (bn)	bright	[braɪt]
kleur-, kleurig (bn)	coloured	['kʌləd]
kleuren- (abn)	colour	['kʌlə(r)]
zwart-wit (bn)	black-and-white	[blæk ən waɪt]
eenkleurig (bn)	plain	[pleɪn]
veelkleurig (bn)	multicoloured	['mʌltɪˌkʌləd]

11. Meeteenheden

gewicht (het)	weight	[weɪt]
lengte (de)	length	[leŋθ]

breedte (de)	width	[wɪdθ]
hoogte (de)	height	[haɪt]
diepte (de)	depth	[depθ]
volume (het)	volume	['vɔljuːm]
oppervlakte (de)	area	['eərɪə]

gram (het)	gram	[græm]
milligram (het)	milligram	['mɪlɪgræm]
kilogram (het)	kilogram	['kɪlə‚græm]
ton (duizend kilo)	ton	[tʌn]
pond (het)	pound	[paʊnd]
ons (het)	ounce	[aʊns]

meter (de)	metre	['miːtə(r)]
millimeter (de)	millimetre	['mɪlɪ‚miːtə(r)]
centimeter (de)	centimetre	['sentɪ‚miːtə(r)]
kilometer (de)	kilometre	['kɪlə‚miːtə(r)]
mijl (de)	mile	[maɪl]

duim (de)	inch	[ɪntʃ]
voet (de)	foot	[fʊt]
yard (de)	yard	[jɑːd]

vierkante meter (de)	square metre	[skweə 'miːtə(r)]
hectare (de)	hectare	['hekteə(r)]

liter (de)	litre	['liːtə(r)]
graad (de)	degree	[dɪ'griː]
volt (de)	volt	[vəʊlt]
ampère (de)	ampere	['æmpeə(r)]
paardenkracht (de)	horsepower	['hɔːs‚paʊə(r)]

hoeveelheid (de)	quantity	['kwɒntɪtɪ]
een beetje ...	a little bit of ...	[ə 'lɪtəl bɪt əv]
helft (de)	half	[hɑːf]
dozijn (het)	dozen	['dʌzən]
stuk (het)	piece	[piːs]

afmeting (de)	size	[saɪz]
schaal (bijv. ~ van 1 op 50)	scale	[skeɪl]

minimaal (bn)	minimal	['mɪnɪməl]
minste (bn)	the smallest	[ðə 'smɔːlest]
medium (bn)	medium	['miːdɪəm]
maximaal (bn)	maximal	['mæksɪməl]
grootste (bn)	the largest	[ðə 'lɑːdʒɪst]

12. Containers

glazen pot (de)	jar	[dʒɑː(r)]
blik (conserven~)	tin	[tɪn]
emmer (de)	bucket	['bʌkɪt]
ton (bijv. regenton)	barrel	['bærəl]
ronde waterbak (de)	basin	['beɪsən]

tank (bijv. watertank-70-ltr)	**tank**	[tæŋk]
heupfles (de)	**hip flask**	[hɪp flɑːsk]
jerrycan (de)	**jerrycan**	['dʒerɪkæn]
tank (bijv. ketelwagen)	**cistern**	['sɪstən]
beker (de)	**mug**	[mʌg]
kopje (het)	**cup**	[kʌp]
schoteltje (het)	**saucer**	['sɔːsə(r)]
glas (het)	**glass**	[glɑːs]
wijnglas (het)	**glass**	[glɑːs]
steelpan (de)	**saucepan**	['sɔːspən]
fles (de)	**bottle**	['bɒtəl]
flessenhals (de)	**neck**	[nek]
karaf (de)	**carafe**	[kə'ræf]
kruik (de)	**jug**	[dʒʌg]
vat (het)	**vessel**	['vesəl]
pot (de)	**pot**	[pɒt]
vaas (de)	**vase**	[vɑːz]
flacon (de)	**bottle**	['bɒtəl]
flesje (het)	**vial, small bottle**	['vaɪəl], [smɔːl 'bɒtəl]
tube (bijv. ~ tandpasta)	**tube**	[tjuːb]
zak (bijv. ~ aardappelen)	**sack**	[sæk]
tasje (het)	**bag**	[bæg]
pakje (~ sigaretten, enz.)	**packet**	['pækɪt]
doos (de)	**box**	[bɒks]
kist (de)	**box**	[bɒks]
mand (de)	**basket**	['bɑːskɪt]

BELANGRIJKSTE WERKWOORDEN

13. De belangrijkste werkwoorden. Deel 1

aanbevelen (ww)	to recommend (vt)	[tə ˌrekə'mend]
aandringen (ww)	to insist (vi, vt)	[tə ɪn'sɪst]
aankomen (per auto, enz.)	to arrive (vi)	[tə ə'raɪv]
aanraken (ww)	to touch (vt)	[tə tʌtʃ]
adviseren (ww)	to advise (vt)	[tə əd'vaɪz]
afdalen (on.ww.)	to come down	[tə kʌm daʊn]
afslaan (naar rechts ~)	to turn (vi)	[tə tɜːn]
antwoorden (ww)	to answer (vi, vt)	[tə 'ɑːnsə(r)]
bang zijn (ww)	to be afraid	[tə bi ə'freɪd]
bedreigen (bijv. met een pistool)	to threaten (vt)	[tə 'θretən]
bedriegen (ww)	to deceive (vi, vt)	[tə dɪ'siːv]
beëindigen (ww)	to finish (vt)	[tə 'fɪnɪʃ]
beginnen (ww)	to begin (vt)	[tə bɪ'gɪn]
begrijpen (ww)	to understand (vt)	[tə ˌʌndə'stænd]
beheren (managen)	to run, to manage	[tə rʌn], [tə 'mænɪdʒ]
beledigen (met scheldwoorden)	to insult (vt)	[tə ɪn'sʌlt]
beloven (ww)	to promise (vt)	[tə 'prɒmɪs]
bereiden (koken)	to cook (vt)	[tə kʊk]
bespreken (spreken over)	to discuss (vt)	[tə dɪs'kʌs]
bestellen (eten ~)	to order (vt)	[tə 'ɔːdə(r)]
bestraffen (een stout kind ~)	to punish (vt)	[tə 'pʌnɪʃ]
betalen (ww)	to pay (vi, vt)	[tə peɪ]
betekenen (beduiden)	to mean (vt)	[tə miːn]
betreuren (ww)	to regret (vi)	[tə rɪ'gret]
bevallen (prettig vinden)	to fancy (vt)	[tə 'fænsɪ]
bevelen (mil.)	to order (vi, vt)	[tə 'ɔːdə(r)]
bevrijden (stad, enz.)	to liberate (vt)	[tə 'lɪbəreɪt]
bewaren (ww)	to keep (vt)	[tə kiːp]
bezitten (ww)	to own (vt)	[tə əʊn]
bidden (praten met God)	to pray (vi, vt)	[tə preɪ]
binnengaan (een kamer ~)	to enter (vt)	[tə 'entə(r)]
breken (ww)	to break (vt)	[tə breɪk]
controleren (ww)	to control (vt)	[tə kən'trəʊl]
creëren (ww)	to create (vt)	[tə kriː'eɪt]
deelnemen (ww)	to participate (vi)	[tə pɑː'tɪsɪpeɪt]
denken (ww)	to think (vi, vt)	[tə θɪŋk]
doden (ww)	to kill (vt)	[tə kɪl]

| doen (ww) | to do (vt) | [tə du:] |
| dorst hebben (ww) | to be thirsty | [tə bi 'θɜːstɪ] |

14. De belangrijkste werkwoorden. Deel 2

een hint geven	to give a hint	[tə gɪv ə hɪnt]
eisen (met klem vragen)	to demand (vt)	[tə dɪˈmɑːnd]
excuseren (vergeven)	to excuse (vt)	[tə ɪkˈskjuːz]
existeren (bestaan)	to exist (vi)	[tə ɪgˈzɪst]
gaan (te voet)	to go (vi)	[tə gəʊ]

gaan zitten (ww)	to sit down (vi)	[tə sɪt daʊn]
gaan zwemmen	to go for a swim	[tə gəʊ fɔrə swɪm]
geven (ww)	to give (vt)	[tə gɪv]
glimlachen (ww)	to smile (vi)	[tə smaɪl]
goed raden (ww)	to guess (vt)	[tə ges]

grappen maken (ww)	to joke (vi)	[tə dʒəʊk]
graven (ww)	to dig (vt)	[tə dɪg]
hebben (ww)	to have (vt)	[tə hæv]
helpen (ww)	to help (vt)	[tə help]
herhalen (opnieuw zeggen)	to repeat (vt)	[tə rɪˈpiːt]
honger hebben (ww)	to be hungry	[tə bi 'hʌŋgrɪ]

hopen (ww)	to hope (vi, vt)	[tə həʊp]
horen (waarnemen met het oor)	to hear (vt)	[tə hɪə(r)]
huilen (wenen)	to cry (vi)	[tə kraɪ]
huren (huis, kamer)	to rent (vt)	[tə rent]
informeren (informatie geven)	to inform (vt)	[tə ɪnˈfɔːm]
instemmen (akkoord gaan)	to agree (vi)	[tə əˈgriː]
jagen (ww)	to hunt (vi, vt)	[tə hʌnt]
kennen (kennis hebben van iemand)	to know (vt)	[tə nəʊ]
kiezen (ww)	to choose (vt)	[tə tʃuːz]
klagen (ww)	to complain (vi, vt)	[tə kəmˈpleɪn]

kosten (ww)	to cost (vt)	[tə kɒst]
kunnen (ww)	can (v aux)	[kæn]
lachen (ww)	to laugh (vi)	[tə lɑːf]
laten vallen (ww)	to drop (vt)	[tə drɒp]
lezen (ww)	to read (vi, vt)	[tə riːd]

liefhebben (ww)	to love (vt)	[tə lʌv]
lunchen (ww)	to have lunch	[tə hæv lʌntʃ]
nemen (ww)	to take (vt)	[tə teɪk]
nodig zijn (ww)	to be needed	[tə bi 'niːdɪd]

15. De belangrijkste werkwoorden. Deel 3

| onderschatten (ww) | to underestimate (vt) | [tə ˌʌndəˈrestɪmeɪt] |
| ondertekenen (ww) | to sign (vt) | [tə saɪn] |

ontbijten (ww)	to have breakfast	[tə hæv 'brekfəst]
openen (ww)	to open (vt)	[tə 'əupən]
ophouden (ww)	to stop (vt)	[tə stɒp]
opmerken (zien)	to notice (vt)	[tə 'nəutɪs]

opscheppen (ww)	to boast (vi)	[tə bəust]
opschrijven (ww)	to write down	[tə ‚raɪt 'daun]
plannen (ww)	to plan (vt)	[tə plæn]
prefereren (verkiezen)	to prefer (vt)	[tə prɪ'fɜ:(r)]
proberen (trachten)	to try (vt)	[tə traɪ]
redden (ww)	to save, to rescue	[tə seɪv], [tə 'reskju:]

rekenen op ...	to count on ...	[tə kaunt ɒn]
rennen (ww)	to run (vi)	[tə rʌn]
reserveren	to reserve, to book	[tə rɪ'zɜ:v], [tə buk]
(een hotelkamer ~)		
roepen (om hulp)	to call (vt)	[tə kɔ:l]
schieten (ww)	to shoot (vi)	[tə ʃu:t]
schreeuwen (ww)	to shout (vi)	[tə ʃaut]

schrijven (ww)	to write (vt)	[tə raɪt]
souperen (ww)	to have dinner	[tə hæv 'dɪnə(r)]
spelen (kinderen)	to play (vi)	[tə pleɪ]
spreken (ww)	to speak (vi, vt)	[tə spi:k]
stelen (ww)	to steal (vt)	[tə sti:l]
stoppen (pauzeren)	to stop (vi)	[tə stɒp]

studeren (Nederlands ~)	to study (vt)	[tə 'stʌdɪ]
sturen (zenden)	to send (vt)	[tə send]
tellen (optellen)	to count (vt)	[tə kaunt]
toebehoren ...	to belong to ...	[tə bɪ'lɒŋ tu:]
toestaan (ww)	to permit (vt)	[tə pə'mɪt]
tonen (ww)	to show (vt)	[tə ʃəu]

twijfelen (onzeker zijn)	to doubt (vi)	[tə daut]
uitgaan (ww)	to go out	[tə gəu aut]
uitnodigen (ww)	to invite (vt)	[tə ɪn'vaɪt]
uitspreken (ww)	to pronounce (vt)	[tə prə'nauns]
uitvaren tegen (ww)	to scold (vt)	[tə skəuld]

16. De belangrijkste werkwoorden. Deel 4

vallen (ww)	to fall (vi)	[tə fɔ:l]
vangen (ww)	to catch (vt)	[tə kætʃ]
veranderen (anders maken)	to change (vt)	[tə tʃeɪndʒ]
verbaasd zijn (ww)	to be surprised	[tə bi sə'praɪzd]
verbergen (ww)	to hide (vt)	[tə haɪd]

verdedigen (je land ~)	to defend (vt)	[tə dɪ'fend]
verenigen (ww)	to unite (vt)	[tə ju:'naɪt]
vergelijken (ww)	to compare (vt)	[tə kəm'peə(r)]
vergeten (ww)	to forget (vi, vt)	[tə fə'get]
vergeven (ww)	to forgive (vt)	[tə fə'gɪv]
verklaren (uitleggen)	to explain (vt)	[tə ɪk'spleɪn]

verkopen (per stuk ~)	to sell (vt)	[tə sel]
vermelden (praten over)	to mention (vt)	[tə 'menʃən]
versieren (decoreren)	to decorate (vt)	[tə 'dekəreɪt]
vertalen (ww)	to translate (vt)	[tə trænsˈleɪt]
vertrouwen (ww)	to trust (vt)	[tə trʌst]
vervolgen (ww)	to continue (vt)	[tə kənˈtɪnjuː]
verwarren (met elkaar ~)	to confuse, to mix up (vt)	[tə kənˈfjuːz], [tə mɪks ʌp]
verzoeken (ww)	to ask (vt)	[tə ɑːsk]
verzuimen (school, enz.)	to miss (vt)	[tə mɪs]
vinden (ww)	to find (vt)	[tə faɪnd]
vliegen (ww)	to fly (vi)	[tə flaɪ]
volgen (ww)	to follow ...	[tə ˈfɒləʊ]
voorstellen (ww)	to propose (vt)	[tə prəˈpəʊz]
voorzien (verwachten)	to expect (vt)	[tə ɪkˈspekt]
vragen (ww)	to ask (vt)	[tə ɑːsk]
waarnemen (ww)	to observe (vt)	[tə əbˈzɜːv]
waarschuwen (ww)	to warn (vt)	[tə wɔːn]
wachten (ww)	to wait (vt)	[tə weɪt]
weerspreken (ww)	to object (vi, vt)	[tə əbˈdʒekt]
weigeren (ww)	to refuse (vi, vt)	[tə rɪˈfjuːz]
werken (ww)	to work (vi)	[tə wɜːk]
weten (ww)	to know (vt)	[tə nəʊ]
willen (verlangen)	to want (vt)	[tə wɒnt]
zeggen (ww)	to say (vt)	[tə seɪ]
zich haasten (ww)	to hurry (vi)	[tə ˈhʌrɪ]
zich interesseren voor ...	to be interested in ...	[tə bi ˈɪntrestɪd ɪn]
zich vergissen (ww)	to make a mistake	[tə meɪk ə mɪˈsteɪk]
zien (ww)	to see (vt)	[tə siː]
zijn (ww)	to be (vi)	[tə biː]
zoeken (ww)	to look for ...	[tə lʊk fɔː(r)]
zwemmen (ww)	to swim (vi)	[tə swɪm]
zwijgen (ww)	to keep silent	[tə kiːp ˈsaɪlənt]

25

TIJD. KALENDER

17. Dagen van de week

maandag (de)	Monday	['mʌndɪ]
dinsdag (de)	Tuesday	['tjuːzdɪ]
woensdag (de)	Wednesday	['wenzdɪ]
donderdag (de)	Thursday	['θɜːzdɪ]
vrijdag (de)	Friday	['fraɪdɪ]
zaterdag (de)	Saturday	['sætədɪ]
zondag (de)	Sunday	['sʌndɪ]
vandaag (bw)	today	[tə'deɪ]
morgen (bw)	tomorrow	[tə'mɒrəʊ]
overmorgen (bw)	the day after tomorrow	[ðə deɪ 'ɑːftə tə'mɒrəʊ]
gisteren (bw)	yesterday	['jestədɪ]
eergisteren (bw)	the day before yesterday	[ðə deɪ bɪ'fɔː 'jestədɪ]
dag (de)	day	[deɪ]
werkdag (de)	working day	['wɜːkɪŋ deɪ]
feestdag (de)	public holiday	['pʌblɪk 'hɒlɪdeɪ]
verlofdag (de)	day off	[,deɪ'ɒf]
weekend (het)	weekend	[,wiːk'end]
de hele dag (bw)	all day long	[ɔːl 'deɪ ,lɒŋ]
de volgende dag (bw)	the next day	[ðə nekst deɪ]
twee dagen geleden	two days ago	[tu deɪz ə'gəʊ]
aan de vooravond (bw)	the day before	[ðə deɪ bɪ'fɔː(r)]
dag-, dagelijks (bn)	daily	['deɪlɪ]
elke dag (bw)	every day	[,evrɪ 'deɪ]
week (de)	week	[wiːk]
vorige week (bw)	last week	[,lɑːst 'wiːk]
volgende week (bw)	next week	[,nekst 'wiːk]
wekelijks (bn)	weekly	['wiːklɪ]
elke week (bw)	every week	[,evrɪ 'wiːk]
twee keer per week	twice a week	[,twaɪs ə 'wiːk]
elke dinsdag	every Tuesday	['evrɪ 'tjuːzdɪ]

18. Uren. Dag en nacht

morgen (de)	morning	['mɔːnɪŋ]
's morgens (bw)	in the morning	[ɪn ðə 'mɔːnɪŋ]
middag (de)	noon, midday	[nuːn], ['mɪddeɪ]
's middags (bw)	in the afternoon	[ɪn ðə ,ɑːftə'nuːn]
avond (de)	evening	['iːvnɪŋ]
's avonds (bw)	in the evening	[ɪn ðɪ 'iːvnɪŋ]

nacht (de)	night	[naɪt]
's nachts (bw)	at night	[ət naɪt]
middernacht (de)	midnight	['mɪdnaɪt]

seconde (de)	second	['sekənd]
minuut (de)	minute	['mɪnɪt]
uur (het)	hour	['aʊə(r)]
halfuur (het)	half an hour	[ˌhɑːf ən 'aʊə(r)]
kwartier (het)	a quarter-hour	[ə 'kwɔːtər'aʊə(r)]
vijftien minuten	fifteen minutes	[fɪf'tiːn 'mɪnɪts]
etmaal (het)	twenty four hours	['twentɪ fɔːr'aʊəz]

zonsopgang (de)	sunrise	['sʌnraɪz]
dageraad (de)	dawn	[dɔːn]
vroege morgen (de)	early morning	['ɜːlɪ 'mɔːnɪŋ]
zonsondergang (de)	sunset	['sʌnset]

's morgens vroeg (bw)	early in the morning	['ɜːlɪ ɪn ðə 'mɔːnɪŋ]
vanmorgen (bw)	this morning	[ðɪs 'mɔːnɪŋ]
morgenochtend (bw)	tomorrow morning	[tə'mɒrəʊ 'mɔːnɪŋ]

vanmiddag (bw)	this afternoon	[ðɪs ˌɑːftə'nuːn]
's middags (bw)	in the afternoon	[ɪn ðə ˌɑːftə'nuːn]
morgenmiddag (bw)	tomorrow afternoon	[tə'mɒrəʊ ˌɑːftə'nuːn]

vanavond (bw)	tonight	[tə'naɪt]
morgenavond (bw)	tomorrow night	[tə'mɒrəʊ naɪt]

klokslag drie uur	at 3 o'clock sharp	[ət θri: ə'klɒk ˌʃɑːp]
ongeveer vier uur	about 4 o'clock	[ə'baʊt ˌfɔːrə'klɒk]
tegen twaalf uur	by 12 o'clock	[baɪ twelv ə'klɒk]

over twintig minuten	in 20 minutes	[ɪn 'twentɪ ˌmɪnɪts]
over een uur	in an hour	[ɪn ən 'aʊə(r)]
op tijd (bw)	on time	[ɒn 'taɪm]

kwart voor ...	a quarter to ...	[ə 'kwɔːtə tə]
binnen een uur	within an hour	[wɪ'ðɪn æn 'aʊə(r)]
elk kwartier	every 15 minutes	['evrɪ fɪf'tiːn 'mɪnɪts]
de klok rond	round the clock	['raʊnd ðə ˌklɒk]

19. Maanden. Seizoenen

januari (de)	January	['dʒænjʊərɪ]
februari (de)	February	['febrʊərɪ]
maart (de)	March	[mɑːtʃ]
april (de)	April	['eɪprəl]
mei (de)	May	[meɪ]
juni (de)	June	[dʒuːn]

juli (de)	July	[dʒuː'laɪ]
augustus (de)	August	['ɔːgəst]
september (de)	September	[sep'tembə(r)]
oktober (de)	October	[ɒk'təʊbə(r)]

november (de)	November	[nəʊ'vembə(r)]
december (de)	December	[dɪ'sembə(r)]
lente (de)	spring	[sprɪŋ]
in de lente (bw)	in spring	[ɪn sprɪŋ]
lente- (abn)	spring	[sprɪŋ]
zomer (de)	summer	['sʌmə(r)]
in de zomer (bw)	in summer	[ɪn 'sʌmə(r)]
zomer-, zomers (bn)	summer	['sʌmə(r)]
herfst (de)	autumn	['ɔ:təm]
in de herfst (bw)	in autumn	[ɪn 'ɔ:təm]
herfst- (abn)	autumn	['ɔ:təm]
winter (de)	winter	['wɪntə(r)]
in de winter (bw)	in winter	[ɪn 'wɪntə(r)]
winter- (abn)	winter	['wɪntə(r)]
maand (de)	month	[mʌnθ]
deze maand (bw)	this month	[ðɪs mʌnθ]
volgende maand (bw)	next month	[ˌnekst 'mʌnθ]
vorige maand (bw)	last month	[ˌlɑ:st 'mʌnθ]
een maand geleden (bw)	a month ago	[əˌmʌnθ ə'gəʊ]
over een maand (bw)	in a month	[ɪn ə 'mʌnθ]
over twee maanden (bw)	in two months	[ɪn ˌtu: 'mʌnθs]
de hele maand (bw)	the whole month	[ðə ˌhəʊl 'mʌnθ]
een volle maand (bw)	all month long	[ɔ:l 'mʌnθ ˌlɒŋ]
maand-, maandelijks (bn)	monthly	['mʌnθlɪ]
maandelijks (bw)	monthly	['mʌnθlɪ]
elke maand (bw)	every month	[ˌevrɪ 'mʌnθ]
twee keer per maand	twice a month	[ˌtwaɪs ə 'mʌnθ]
jaar (het)	year	[jɪə(r)]
dit jaar (bw)	this year	[ðɪs jɪə(r)]
volgend jaar (bw)	next year	[ˌnekst 'jɪə(r)]
vorig jaar (bw)	last year	[ˌlɑ:st 'jɪə(r)]
een jaar geleden (bw)	a year ago	[ə jɪərə'gəʊ]
over een jaar	in a year	[ɪn ə 'jɪə(r)]
over twee jaar	in two years	[ɪn ˌtu: 'jɪəz]
het hele jaar	the whole year	[ðə ˌhəʊl 'jɪə(r)]
een vol jaar	all year long	[ɔ:l 'jɪə ˌlɒŋ]
elk jaar	every year	[ˌevrɪ 'jɪə(r)]
jaar-, jaarlijks (bn)	annual	['ænjʊəl]
jaarlijks (bw)	annually	['ænjʊəlɪ]
4 keer per jaar	4 times a year	[fɔ: taɪmz əjɪər]
datum (de)	date	[deɪt]
datum (de)	date	[deɪt]
kalender (de)	calendar	['kælɪndə(r)]
een half jaar	half a year	[ˌhɑ:f ə 'jɪə(r)]
zes maanden	six months	[sɪks mʌnθs]
seizoen (bijv. lente, zomer)	season	['si:zən]

REIZEN. HOTEL

20. Trip. Reizen

toerisme (het)	tourism	['tʊərɪzəm]
toerist (de)	tourist	['tʊərɪst]
reis (de)	trip	[trɪp]
avontuur (het)	adventure	[əd'ventʃə(r)]
tocht (de)	trip, journey	[trɪp], ['dʒɜːnɪ]
vakantie (de)	holiday	['hɒlɪdeɪ]
met vakantie zijn	to be on holidays	[tə bi ɒn 'hɒlɪdeɪz]
rust (de)	rest	[rest]
trein (de)	train	[treɪn]
met de trein	by train	[baɪ treɪn]
vliegtuig (het)	aeroplane	['eərəpleɪn]
met het vliegtuig	by aeroplane	[baɪ 'eərəpleɪn]
met de auto	by car	[baɪ kɑː(r)]
per schip (bw)	by ship	[baɪ ʃɪp]
bagage (de)	luggage	['lʌgɪdʒ]
valies (de)	suitcase, luggage	['suːtkeɪs], ['lʌgɪdʒ]
bagagekarretje (het)	luggage trolley	['lʌgɪdʒ 'trɒlɪ]
paspoort (het)	passport	['pɑːspɔːt]
visum (het)	visa	['viːzə]
kaartje (het)	ticket	['tɪkɪt]
vliegticket (het)	air ticket	['eə 'tɪkɪt]
reisgids (de)	guidebook	['gaɪdbʊk]
kaart (de)	map	[mæp]
gebied (landelijk ~)	area	['eərɪə]
plaats (de)	place, site	[pleɪs], [saɪt]
exotische bestemming (de)	exotic	[ɪg'zɒtɪk]
exotisch (bn)	exotic	[ɪg'zɒtɪk]
verwonderlijk (bn)	amazing	[ə'meɪzɪŋ]
groep (de)	group	[gruːp]
rondleiding (de)	excursion	[ɪk'skɜːʃən]
gids (de)	guide	[gaɪd]

21. Hotel

motel (het)	motel	[məʊ'tel]
3-sterren	three-star	[θriː stɑː(r)]
5-sterren	five-star	[ˌfaɪv 'stɑː(r)]

overnachten (ww)	to stay (vi)	[tə steɪ]
kamer (de)	room	[ru:m]
eenpersoonskamer (de)	single room	['sɪŋgəl ru:m]
tweepersoonskamer (de)	double room	['dʌbəl ru:m]
een kamer reserveren	to book a room	[tə bʊk ə ru:m]

| halfpension (het) | half board | [hɑ:f bɔ:d] |
| volpension (het) | full board | [fʊl bɔ:d] |

met badkamer	with bath	[wɪð bɑ:θ]
met douche	with shower	[wɪð 'ʃaʊə(r)]
satelliet-tv (de)	satellite television	['sætəlaɪt 'telɪ,vɪʒən]
airconditioner (de)	air-conditioner	[eə kən'dɪʃənə]
handdoek (de)	towel	['taʊəl]
sleutel (de)	key	[ki:]

administrateur (de)	administrator	[əd'mɪnɪstreɪtə(r)]
kamermeisje (het)	chambermaid	['tʃeɪmbə,meɪd]
piccolo (de)	porter, bellboy	['pɔ:tə(r)], ['belbɔɪ]
portier (de)	doorman	['dɔ:mən]

restaurant (het)	restaurant	['restrɒnt]
bar (de)	pub	[pʌb]
ontbijt (het)	breakfast	['brekfəst]
avondeten (het)	dinner	['dɪnə(r)]
buffet (het)	buffet	['bʊfeɪ]

lift (de)	lift	[lɪft]
NIET STOREN	DO NOT DISTURB	[du nɒt dɪ'stɜ:b]
VERBODEN TE ROKEN!	NO SMOKING	[nəʊ 'sməʊkɪŋ]

22. Bezienswaardigheden

monument (het)	monument	['mɒnjʊmənt]
vesting (de)	fortress	['fɔ:trɪs]
paleis (het)	palace	['pælɪs]
kasteel (het)	castle	['kɑ:səl]
toren (de)	tower	['taʊə(r)]
mausoleum (het)	mausoleum	[,mɔ:zə'lɪəm]

architectuur (de)	architecture	['ɑ:kɪtektʃə(r)]
middeleeuws (bn)	medieval	[,medɪ'i:vəl]
oud (bn)	ancient	['eɪnʃənt]
nationaal (bn)	national	['næʃənəl]
bekend (bn)	well-known	[wel'nəʊn]

toerist (de)	tourist	['tʊərɪst]
gids (de)	guide	[gaɪd]
rondleiding (de)	excursion	[ɪk'skɜ:ʃən]
tonen (ww)	to show (vt)	[tə ʃəʊ]
vertellen (ww)	to tell (vt)	[tə tel]

| vinden (ww) | to find (vt) | [tə faɪnd] |
| verdwalen (de weg kwijt zijn) | to get lost | [tə get lɒst] |

plattegrond (~ van de metro)	**map**	[mæp]
plattegrond (~ van de stad)	**map**	[mæp]
souvenir (het)	**souvenir, gift**	[ˌsuːvəˈnɪə], [ɡɪft]
souvenirwinkel (de)	**gift shop**	[ˈɡɪftˌʃɒp]
een foto maken (ww)	**to take pictures**	[tə ˌteɪk ˈpɪktʃəz]

VERVOER

23. Vliegveld

luchthaven (de)	airport	['eəpɔ:t]
vliegtuig (het)	aeroplane	['eərəpleɪn]
luchtvaartmaatschappij (de)	airline	['eəlaɪn]
luchtverkeersleider (de)	air-traffic controller	['eə 'træfɪk kən'trəʊlə]

vertrek (het)	departure	[dɪ'pɑ:tʃə(r)]
aankomst (de)	arrival	[ə'raɪvəl]
aankomen (per vliegtuig)	to arrive (vi)	[tə ə'raɪv]

| vertrektijd (de) | departure time | [dɪ'pɑ:tʃə ˌtaɪm] |
| aankomstuur (het) | arrival time | [ə'raɪvəl taɪm] |

| vertraagd zijn (ww) | to be delayed | [tə bi dɪ'leɪd] |
| vluchtvertraging (de) | flight delay | [flaɪt dɪ'leɪ] |

informatiebord (het)	information board	[ˌɪnfə'meɪʃən bɔ:d]
informatie (de)	information	[ˌɪnfə'meɪʃən]
aankondigen (ww)	to announce (vt)	[tə ə'naʊns]
vlucht (bijv. KLM ~)	flight	[flaɪt]

| douane (de) | customs | ['kʌstəmz] |
| douanier (de) | customs officer | ['kʌstəmz 'ɒfɪsə(r)] |

douaneaangifte (de)	customs declaration	['kʌstəmz ˌdeklə'reɪʃən]
invullen (douaneaangifte ~)	to fill in (vt)	[tə fɪl 'ɪn]
paspoortcontrole (de)	passport control	['pɑ:spɔ:t kən'trəʊl]

bagage (de)	luggage	['lʌgɪdʒ]
handbagage (de)	hand luggage	['hænd,lʌgɪdʒ]
Gevonden voorwerpen	LOST PROPERTY	[lɒst 'prɒpətɪ]
bagagekarretje (het)	luggage trolley	['lʌgɪdʒ 'trɒlɪ]

landing (de)	landing	['lændɪŋ]
landingsbaan (de)	runway	['rʌn,weɪ]
landen (ww)	to land (vi)	[tə lænd]
vliegtuigtrap (de)	airstairs	[eə'steəz]

inchecken (het)	check-in	['tʃek ɪn]
incheckbalie (de)	check-in desk	['tʃek ɪn desk]
inchecken (ww)	to check-in (vi)	[tə tʃek ɪn]
instapkaart (de)	boarding pass	['bɔ:dɪŋ pɑ:s]
gate (de)	departure gate	[dɪ'pɑ:tʃə ˌgeɪt]

transit (de)	transit	['trænsɪt]
wachten (ww)	to wait (vt)	[tə weɪt]
wachtzaal (de)	departure lounge	[dɪ'pɑ:tʃə laʊndʒ]

32

24. Vliegtuig

vliegtuig (het)	aeroplane	['eərəpleɪn]
vliegticket (het)	air ticket	['eə 'tɪkɪt]
luchtvaartmaatschappij (de)	airline	['eəlaɪn]
luchthaven (de)	airport	['eəpɔ:t]
supersonisch (bn)	supersonic	[ˌsu:pə'sɒnɪk]

gezagvoerder (de)	captain	['kæptɪn]
bemanning (de)	crew	[kru:]
piloot (de)	pilot	['paɪlət]
stewardess (de)	stewardess	['stjʊədɪs]
stuurman (de)	navigator	['nævɪgeɪtə(r)]

vleugels (mv.)	wings	[wɪŋz]
staart (de)	tail	[teɪl]
cabine (de)	cockpit	['kɒkpɪt]
motor (de)	engine	['endʒɪn]
landingsgestel (het)	undercarriage	['ʌndəˌkærɪdʒ]
turbine (de)	turbine	['tɜ:baɪn]

propeller (de)	propeller	[prə'pelə(r)]
zwarte doos (de)	black box	[blæk bɒks]
stuur (het)	control column	[kən'trəʊl 'kɒləm]
brandstof (de)	fuel	[fjʊəl]

veiligheidskaart (de)	safety card	['seɪftɪ kɑ:d]
zuurstofmasker (het)	oxygen mask	['ɒksɪdʒən mɑ:sk]
uniform (het)	uniform	['junɪfɔ:m]
reddingsvest (de)	lifejacket	[laɪf 'dʒækɪt]
parachute (de)	parachute	['pærəʃu:t]

opstijgen (het)	takeoff	[teɪkɒf]
opstijgen (ww)	to take off (vi)	[tə teɪk ɒf]
startbaan (de)	runway	['rʌnˌweɪ]

zicht (het)	visibility	[ˌvɪzɪ'bɪlɪtɪ]
vlucht (de)	flight	[flaɪt]
hoogte (de)	altitude	['æltɪtju:d]
luchtzak (de)	air pocket	[eə 'pɒkɪt]

plaats (de)	seat	[si:t]
koptelefoon (de)	headphones	['hedfəʊnz]
tafeltje (het)	folding tray	['fəʊldɪŋ treɪ]
venster (het)	window	['wɪndəʊ]
gangpad (het)	aisle	[aɪl]

25. Trein

trein (de)	train	[treɪn]
elektrische trein (de)	suburban train	[sə'bɜ:bən treɪn]
sneltrein (de)	express train	[ɪk'spres treɪn]
diesellocomotief (de)	diesel locomotive	['di:zəl ˌləʊkə'məʊtɪv]

locomotief (de)	steam engine	[sti:m 'endʒɪn]
rijtuig (het)	coach, carriage	[kəʊtʃ], ['kærɪdʒ]
restauratierijtuig (het)	restaurant car	['restrɒnt kɑ:]

rails (mv.)	rails	[reɪlz]
spoorweg (de)	railway	['reɪlweɪ]
dwarsligger (de)	sleeper	['sli:pə(r)]

perron (het)	platform	['plætfɔ:m]
spoor (het)	platform	['plætfɔ:m]
semafoor (de)	semaphore	['seməfɔ:(r)]
halte (bijv. kleine treinhalte)	station	['steɪʃən]

machinist (de)	train driver	[treɪn 'draɪvə(r)]
kruier (de)	porter	['pɔ:tə(r)]
conducteur (de)	train steward	['treɪn 'stjʊəd]
passagier (de)	passenger	['pæsɪndʒə(r)]
controleur (de)	ticket inspector	['tɪkɪt ɪn'spektə]

| gang (in een trein) | corridor | ['kɒrɪˌdɔ:(r)] |
| noodrem (de) | emergency break | [ɪ'mɜ:dʒənsɪ breɪk] |

coupé (de)	compartment	[kəm'pɑ:tmənt]
bed (slaapplaats)	berth	[bɜ:θ]
bovenste bed (het)	upper berth	['ʌpə bɜ:θ]
onderste bed (het)	lower berth	['ləʊə 'bɜ:θ]
beddengoed (het)	bed linen	[bed 'lɪnɪn]

kaartje (het)	ticket	['tɪkɪt]
dienstregeling (de)	timetable	['taɪmˌteɪbəl]
informatiebord (het)	information display	[ˌɪnfə'meɪʃən dɪ'spleɪ]

vertrekken (De trein vertrekt ...)	to leave, to depart	[tə li:v], [tə dɪ'pɑ:t]
vertrek (ov. een trein)	departure	[dɪ'pɑ:tʃə(r)]
aankomen (ov. de treinen)	to arrive (vi)	[tə ə'raɪv]
aankomst (de)	arrival	[ə'raɪvəl]

aankomen per trein	to arrive by train	[tə ə'raɪv baɪ treɪn]
in de trein stappen	to get on the train	[tə ˌget ɒn ðə 'treɪn]
uit de trein stappen	to get off the train	[tə ˌget əv ðə 'treɪn]

| treinwrak (het) | train crash | [treɪn kræʃ] |
| ontspoord zijn | to be derailed | [tə bi dɪ'reɪld] |

locomotief (de)	steam engine	[sti:m 'endʒɪn]
stoker (de)	stoker, fireman	['stəʊkə], ['faɪəmən]
stookplaats (de)	firebox	['faɪəbɒks]
steenkool (de)	coal	[kəʊl]

26. Schip

| schip (het) | ship | [ʃɪp] |
| vaartuig (het) | vessel | ['vesəl] |

stoomboot (de)	steamship	['sti:mʃɪp]
motorschip (het)	riverboat	['rɪvə‚bəʊt]
lijnschip (het)	ocean liner	['əʊʃən 'laɪnə(r)]
kruiser (de)	cruiser	['kru:zə(r)]
jacht (het)	yacht	[jɒt]
sleepboot (de)	tugboat	['tʌgbəʊt]
duwbak (de)	barge	[bɑ:dʒ]
ferryboot (de)	ferry	['ferɪ]
zeilboot (de)	sailing ship	['seɪlɪŋ ʃɪp]
brigantijn (de)	brigantine	['brɪgənti:n]
IJsbreker (de)	ice breaker	['aɪs‚breɪkə(r)]
duikboot (de)	submarine	[‚sʌbmə'ri:n]
boot (de)	boat	[bəʊt]
sloep (de)	dinghy	['dɪŋgɪ]
reddingssloep (de)	lifeboat	['laɪfbəʊt]
motorboot (de)	motorboat	['məʊtəbəʊt]
kapitein (de)	captain	['kæptɪn]
zeeman (de)	seaman	['si:mən]
matroos (de)	sailor	['seɪlə(r)]
bemanning (de)	crew	[kru:]
bootsman (de)	boatswain	['bəʊsən]
scheepsjongen (de)	ship's boy	[ʃɪps bɔɪ]
kok (de)	cook	[kʊk]
scheepsarts (de)	ship's doctor	[ʃɪps 'dɒktə(r)]
dek (het)	deck	[dek]
mast (de)	mast	[mɑ:st]
zeil (het)	sail	[seɪl]
ruim (het)	hold	[həʊld]
voorsteven (de)	bow	[baʊ]
achtersteven (de)	stern	[stɜ:n]
roeispaan (de)	oar	[ɔ:(r)]
schroef (de)	propeller	[prə'pelə(r)]
kajuit (de)	cabin	['kæbɪn]
officierskamer (de)	wardroom	['wɔ:drʊm]
machinekamer (de)	engine room	['endʒɪn ‚ru:m]
brug (de)	bridge	[brɪdʒ]
radiokamer (de)	radio room	['reɪdɪəʊ rʊm]
radiogolf (de)	wave	[weɪv]
logboek (het)	logbook	['lɒgbʊk]
verrekijker (de)	spyglass	['spaɪglɑ:s]
klok (de)	bell	[bel]
vlag (de)	flag	[flæg]
kabel (de)	rope	['rəʊp]
knoop (de)	knot	[nɒt]
trapleuning (de)	deckrail	['dekreɪl]

trap (de)	gangway	['gæŋweɪ]
anker (het)	anchor	['æŋkə(r)]
het anker lichten	to weigh anchor	[tə weɪ 'æŋkə(r)]
het anker neerlaten	to drop anchor	[tə drɒp 'æŋkə(r)]
ankerketting (de)	anchor chain	['æŋkə ˌtʃeɪn]

haven (bijv. containerhaven)	port	[pɔːt]
kaai (de)	berth, wharf	[bɜːθ], [wɔːf]
aanleggen (ww)	to berth, to moor	[tə bɜːθ], [tə mɔː(r)]
wegvaren (ww)	to cast off	[tə kɑːst ɒf]

reis (de)	trip	[trɪp]
cruise (de)	cruise	[kruːz]
koers (de)	course	[kɔːs]
route (de)	route	[ruːt]

vaarwater (het)	fairway	['feəweɪ]
zandbank (de)	shallows	['ʃæləʊz]
stranden (ww)	to run aground	[tə rʌn ə'graʊnd]

storm (de)	storm	[stɔːm]
signaal (het)	signal	['sɪgnəl]
zinken (ov. een boot)	to sink (vi)	[tə sɪŋk]
Man overboord!	Man overboard!	[ˌmæn 'əʊvəbɔːd]
SOS (noodsignaal)	SOS	[ˌesəʊ'es]
reddingsboei (de)	ring buoy	[rɪŋ bɔɪ]

STAD

27. Stedelijk vervoer

bus, autobus (de)	bus, coach	[bʌs], [kəʊtʃ]
tram (de)	tram	[træm]
trolleybus (de)	trolleybus	['trɒlɪbʌs]
route (de)	route	[ruːt]
nummer (busnummer, enz.)	number	['nʌmbə(r)]
rijden met ...	to go by ...	[tə gəʊ baɪ]
stappen (in de bus ~)	to get on	[tə get ɒn]
afstappen (ww)	to get off ...	[tə get ɒf]
halte (de)	stop	[stɒp]
volgende halte (de)	next stop	[ˌnekst 'stɒp]
eindpunt (het)	terminus	['tɜːmɪnəs]
dienstregeling (de)	timetable	['taɪmˌteɪbəl]
wachten (ww)	to wait (vt)	[tə weɪt]
kaartje (het)	ticket	['tɪkɪt]
reiskosten (de)	fare	[feə(r)]
kassier (de)	cashier	[kæ'ʃɪə(r)]
kaartcontrole (de)	ticket inspection	['tɪkɪt ɪn'spekʃən]
controleur (de)	inspector	[ɪn'spektə(r)]
te laat zijn (ww)	to be late	[tə bi 'leɪt]
zich haasten (ww)	to be in a hurry	[tə bi ɪn ə 'hʌrɪ]
taxi (de)	taxi, cab	['tæksɪ], [kæb]
taxichauffeur (de)	taxi driver	['tæksɪ 'draɪvə(r)]
met de taxi (bw)	by taxi	[baɪ 'tæksɪ]
taxistandplaats (de)	taxi rank	['tæksɪ ræŋk]
een taxi bestellen	to call a taxi	[tə kɔːl ə 'tæksɪ]
een taxi nemen	to take a taxi	[tə ˌteɪk ə 'tæksɪ]
verkeer (het)	traffic	['træfɪk]
file (de)	traffic jam	['træfɪk dʒæm]
spitsuur (het)	rush hour	['rʌʃ ˌaʊə(r)]
parkeren (on.ww.)	to park (vi)	[tə pɑːk]
parkeren (ov.ww.)	to park (vt)	[tə pɑːk]
parking (de)	car park	[kɑː pɑːk]
metro (de)	underground, tube	['ʌndəgraʊnd], [tjuːb]
halte (bijv. kleine treinhalte)	station	['steɪʃən]
de metro nemen	to take the tube	[tə ˌteɪk ðə tjuːb]
trein (de)	train	[treɪn]
station (treinstation)	train station	[treɪn 'steɪʃən]

37

28. Stad. Het leven in de stad

stad (de)	city, town	['sɪtɪ], [taʊn]
hoofdstad (de)	capital	['kæpɪtəl]
dorp (het)	village	['vɪlɪdʒ]

plattegrond (de)	city map	['sɪtɪ ˌmæp]
centrum (ov. een stad)	city centre	['sɪtɪ ˌsentə(r)]
voorstad (de)	suburb	['sʌbɜ:b]
voorstads- (abn)	suburban	[sə'bɜ:bən]

randgemeente (de)	outskirts	['aʊtskɜ:ts]
omgeving (de)	environs	[ɪn'vaɪərənz]
blok (huizenblok)	city block	['sɪtɪ blɒk]
woonwijk (de)	residential quarter	[ˌrezɪ'denʃəl 'kwɔ:tə(r)]

verkeer (het)	traffic	['træfɪk]
verkeerslicht (het)	traffic lights	['træfɪk laɪts]
openbaar vervoer (het)	public transport	['pʌblɪk 'trænspɔ:t]
kruispunt (het)	crossroads	['krɒsrəʊdz]

zebrapad (oversteekplaats)	zebra crossing	['zebrə ˌkrɒsɪŋ]
onderdoorgang (de)	pedestrian subway	[pɪ'destrɪən 'sʌbweɪ]
oversteken (de straat ~)	to cross (vt)	[tə krɒs]
voetganger (de)	pedestrian	[pɪ'destrɪən]
trottoir (het)	pavement	['peɪvmənt]

| brug (de) | bridge | [brɪdʒ] |
| dijk (de) | embankment | [ɪm'bæŋkmənt] |

allee (de)	allée	[ale]
park (het)	park	[pɑ:k]
boulevard (de)	boulevard	['bu:ləvɑ:d]
plein (het)	square	[skweə(r)]
laan (de)	avenue	['ævənju:]
straat (de)	street	[stri:t]
zijstraat (de)	side street	[saɪd stri:t]
doodlopende straat (de)	dead end	[ˌded 'end]

huis (het)	house	[haʊs]
gebouw (het)	building	['bɪldɪŋ]
wolkenkrabber (de)	skyscraper	['skaɪˌskreɪpə(r)]

gevel (de)	facade	[fə'sɑ:d]
dak (het)	roof	[ru:f]
venster (het)	window	['wɪndəʊ]
boog (de)	arch	[ɑ:tʃ]
pilaar (de)	column	['kɒləm]
hoek (ov. een gebouw)	corner	['kɔ:nə(r)]

vitrine (de)	shop window	[ʃɒp 'wɪndəʊ]
gevelreclame (de)	shop sign	[ʃɒp saɪn]
affiche (de/het)	poster	['pəʊstə(r)]
reclameposter (de)	advertising poster	['ædvətaɪzɪŋ 'pəʊstə(r)]
aanplakbord (het)	hoarding	['hɔ:dɪŋ]

vuilnis (de/het)	rubbish	['rʌbɪʃ]
vuilnisbak (de)	rubbish bin	['rʌbɪʃ bɪn]
afval weggooien (ww)	to litter (vi)	[tə 'lɪtə(r)]
stortplaats (de)	rubbish dump	['rʌbɪʃ dʌmp]

telefooncel (de)	phone box	['fəʊn ˌbɒks]
straatlicht (het)	street light	['striːt laɪt]
bank (de)	bench	[bentʃ]

politieagent (de)	police officer	[pə'liːs 'ɒfɪsə(r)]
politie (de)	police	[pə'liːs]
zwerver (de)	beggar	['begə(r)]
dakloze (de)	homeless	['həʊmlɪs]

29. Stedelijke instellingen

winkel (de)	shop	[ʃɒp]
apotheek (de)	chemist	['kemɪst]
optiek (de)	optician	[ɒp'tɪʃən]
winkelcentrum (het)	shopping centre	['ʃɒpɪŋ 'sentə(r)]
supermarkt (de)	supermarket	['suːpəˌmɑːkɪt]

bakkerij (de)	bakery	['beɪkərɪ]
bakker (de)	baker	['beɪkə(r)]
banketbakkerij (de)	sweet shop	[swiːt ʃɒp]
kruidenier (de)	grocery shop	['grəʊsərɪ ʃɒp]
slagerij (de)	butcher shop	['bʊtʃəzʃɒp]

| groentewinkel (de) | greengrocer | ['griːnˌgrəʊsə] |
| markt (de) | market | ['mɑːkɪt] |

koffiehuis (het)	coffee bar	['kɒfɪ bɑː(r)]
restaurant (het)	restaurant	['restrɒnt]
bar (de)	pub	[pʌb]
pizzeria (de)	pizzeria	[ˌpiːtsə'rɪə]

kapperssalon (de/het)	hairdresser	['heəˌdresə(r)]
postkantoor (het)	post office	[pəʊst 'ɒfɪs]
stomerij (de)	dry cleaners	[ˌdraɪ 'kliːnəz]
fotostudio (de)	photo studio	['fəʊtəʊ 'stjuːdɪəʊ]

schoenwinkel (de)	shoe shop	['ʃuː ʃɒp]
boekhandel (de)	bookshop	['bʊkʃɒp]
sportwinkel (de)	sports shop	['spɔːts ʃɒp]

kledingreparatie (de)	clothing repair	['kləʊðɪŋ rɪ'peə(r)]
kledingverhuur (de)	formal wear hire	['fɔːməl weə 'haɪə(r)]
videotheek (de)	DVD rental shop	[ˌdiːviː'diː 'rentəl ʃɒp]

circus (de/het)	circus	['sɜːkəs]
dierentuin (de)	zoo	[zuː]
bioscoop (de)	cinema	['sɪnəmə]
museum (het)	museum	[mjuː'ziːəm]
bibliotheek (de)	library	['laɪbrərɪ]

theater (het)	theatre	['θɪətə(r)]
opera (de)	opera	['ɒpərə]
nachtclub (de)	nightclub	[naɪt klʌb]
casino (het)	casino	[kə'si:nəʊ]

moskee (de)	mosque	[mɒsk]
synagoge (de)	synagogue	['sɪnəgɒg]
kathedraal (de)	cathedral	[kə'θi:drəl]
tempel (de)	temple	['tempəl]
kerk (de)	church	[tʃɜ:tʃ]

instituut (het)	college	['kɒlɪdʒ]
universiteit (de)	university	[ˌju:nɪ'vɜ:sətɪ]
school (de)	school	[sku:l]

gemeentehuis (het)	prefecture	['pri:fekˌtjʊə(r)]
stadhuis (het)	city hall	['sɪtɪ ˌhɔ:l]
hotel (het)	hotel	[həʊ'tel]
bank (de)	bank	[bæŋk]

ambassade (de)	embassy	['embəsɪ]
reisbureau (het)	travel agency	['trævəl 'eɪdʒənsɪ]
informatieloket (het)	information office	[ˌɪnfə'meɪʃən 'ɒfɪs]
wisselkantoor (het)	money exchange	['mʌnɪ ɪks'tʃeɪndʒ]

| metro (de) | underground, tube | ['ʌndəgraʊnd], [tju:b] |
| ziekenhuis (het) | hospital | ['hɒspɪtəl] |

| benzinestation (het) | petrol station | ['petrəl 'steɪʃən] |
| parking (de) | car park | [ka: pa:k] |

30. Borden

gevelreclame (de)	shop sign	[ʃɒp saɪn]
opschrift (het)	notice	['nəʊtɪs]
poster (de)	poster	['pəʊstə(r)]
wegwijzer (de)	direction sign	[dɪ'rekʃen saɪn]
pijl (de)	arrow	['ærəʊ]

| waarschuwingsbord (het) | warning sign | ['wɔ:nɪŋ saɪn] |
| waarschuwen (ww) | to warn (vt) | [tə wɔ:n] |

vrije dag (de)	day off	[ˌdeɪ'ɒf]
dienstregeling (de)	timetable	['taɪmˌteɪbəl]
openingsuren (mv.)	opening hours	['əʊpənɪŋ ˌaʊəz]

WELKOM!	WELCOME!	['welkəm]
INGANG	ENTRANCE	['entrəns]
UITGANG	WAY OUT	[ˌweɪ'aʊt]

DUWEN	PUSH	[pʊʃ]
TREKKEN	PULL	[pʊl]
OPEN	OPEN	['əʊpən]
GESLOTEN	CLOSED	[kləʊzd]

| DAMES | WOMEN | ['wɪmɪn] |
| HEREN | MEN | ['men] |

KORTING	DISCOUNTS	['dɪskaʊnts]
UITVERKOOP	SALE	[seɪl]
NIEUW!	NEW!	[nju:]
GRATIS	FREE	[fri:]

PAS OP!	ATTENTION!	[ə'tenʃən]
VOLGEBOEKT	NO VACANCIES	[neʊ 'veɪkənsɪz]
GERESERVEERD	RESERVED	[rɪ'zɜ:vd]

| ADMINISTRATIE | ADMINISTRATION | [ədˌmɪnɪ'streɪʃən] |
| ALLEEN VOOR PERSONEEL | STAFF ONLY | [stɑ:f 'əʊnlɪ] |

GEVAARLIJKE HOND	BEWARE OF THE DOG!	[bɪ'weə əv ðə ˌdɒg]
VERBODEN TE ROKEN!	NO SMOKING	[neʊ 'sməʊkɪŋ]
NIET AANRAKEN!	DO NOT TOUCH!	[ˌdeʊnt 'tʌtʃ]

GEVAARLIJK	DANGEROUS	['deɪndʒərəs]
GEVAAR	DANGER	['deɪndʒə(r)]
HOOGSPANNING	HIGH TENSION	[haɪ 'tenʃən]
VERBODEN TE ZWEMMEN	NO SWIMMING!	[neʊ 'swɪmɪŋ]
BUITEN GEBRUIK	OUT OF ORDER	[ˌaʊt əv 'ɔ:də(r)]

ONTVLAMBAAR	FLAMMABLE	['flæməbəl]
VERBODEN	FORBIDDEN	[fə'bɪdən]
DOORGANG VERBODEN	NO TRESPASSING!	[neʊ 'trespəsɪŋ]
OPGELET PAS GEVERFD	WET PAINT	[wet peɪnt]

31. Winkelen

kopen (ww)	to buy (vt)	[tə baɪ]
aankoop (de)	purchase	['pɜ:tʃəs]
winkelen (ww)	to go shopping	[tə geʊ 'ʃɒpɪŋ]
winkelen (het)	shopping	['ʃɒpɪŋ]

| open zijn (ov. een winkel, enz.) | to be open | [tə bi 'əʊpən] |
| gesloten zijn (ww) | to be closed | [tə bi kləʊzd] |

schoeisel (het)	footwear	['fʊtweə(r)]
kleren (mv.)	clothes, clothing	[kləʊðz], ['kləʊðɪŋ]
cosmetica (de)	cosmetics	[kɒz'metɪks]
voedingswaren (mv.)	food products	[fu:d 'prɒdʌkts]
geschenk (het)	gift, present	[gɪft], ['prezənt]

| verkoper (de) | shop assistant | [ʃɒp ə'sɪstənt] |
| verkoopster (de) | shop assistant | [ʃɒp ə'sɪstənt] |

kassa (de)	cash desk	[kæʃ desk]
spiegel (de)	mirror	['mɪrə(r)]
toonbank (de)	counter	['kaʊntə(r)]

paskamer (de)	fitting room	['fɪtɪŋ ˌrum]
aanpassen (ww)	to try on (vt)	[tə ˌtraɪ 'ɒn]
passen (ov. kleren)	to fit (vt)	[tə fɪt]
bevallen (prettig vinden)	to fancy (vt)	[tə 'fænsɪ]

prijs (de)	price	[praɪs]
prijskaartje (het)	price tag	['praɪs tæg]
kosten (ww)	to cost (vt)	[tə kɒst]
Hoeveel?	How much?	[ˌhaʊ 'mʌtʃ]
korting (de)	discount	['dɪskaʊnt]

niet duur (bn)	inexpensive	[ˌɪnɪk'spensɪv]
goedkoop (bn)	cheap	[tʃiːp]
duur (bn)	expensive	[ɪk'spensɪv]
Dat is duur.	It's expensive	[ɪts ɪk'spensɪv]

verhuur (de)	hire	['haɪə(r)]
huren (smoking, enz.)	to hire (vt)	[tə 'haɪə(r)]
krediet (het)	credit	['kredɪt]
op krediet (bw)	on credit	[ɒn 'kredɪt]

KLEDING EN ACCESSOIRES

32. Bovenkleding. Jassen

kleren (mv.), kleding (de)	clothes	[kləʊðz]
bovenkleding (de)	outer clothes	['aʊtə kləʊðz]
winterkleding (de)	winter clothes	['wɪntə kləʊðz]
jas (de)	overcoat	['əʊvəkəʊt]
bontjas (de)	fur coat	['fɜː ˌkəʊt]
bontjasje (het)	fur jacket	['fɜː 'dʒækɪt]
donzen jas (de)	down coat	['daʊn ˌkəʊt]
jasje (bijv. een leren ~)	jacket	['dʒækɪt]
regenjas (de)	raincoat	['reɪnkəʊt]
waterdicht (bn)	waterproof	['wɔːtəpruːf]

33. Heren & dames kleding

overhemd (het)	shirt	[ʃɜːt]
broek (de)	trousers	['traʊzəz]
jeans (de)	jeans	[dʒiːnz]
colbert (de)	jacket	['dʒækɪt]
kostuum (het)	suit	[suːt]
jurk (de)	dress	[dres]
rok (de)	skirt	[skɜːt]
blouse (de)	blouse	[blaʊz]
wollen vest (de)	knitted jacket	['nɪtɪd 'dʒækɪt]
blazer (kort jasje)	jacket	['dʒækɪt]
T-shirt (het)	T-shirt	['tiː ˌʃɜːt]
shorts (mv.)	shorts	[ʃɔːts]
trainingspak (het)	tracksuit	['træksuːt]
badjas (de)	bathrobe	['bɑːθrəʊb]
pyjama (de)	pyjamas	[pə'dʒɑːməz]
sweater (de)	sweater	['swetə(r)]
pullover (de)	pullover	['pʊlˌəʊvə(r)]
gilet (het)	waistcoat	['weɪskəʊt]
rokkostuum (het)	tailcoat	[ˌteɪl'kəʊt]
smoking (de)	dinner suit	['dɪnə suːt]
uniform (het)	uniform	['juːnɪfɔːm]
werkkleding (de)	workwear	[wɜːkweə(r)]
overall (de)	boiler suit	['bɔɪlə suːt]
doktersjas (de)	coat	[kəʊt]

34. Kleding. Ondergoed

ondergoed (het)	underwear	['ʌndəweə(r)]
onderhemd (het)	vest	[vest]
sokken (mv.)	socks	[sɒks]
nachthemd (het)	nightgown	['naɪtgaʊn]
beha (de)	bra	[brɑ:]
kniekousen (mv.)	knee highs	['ni: ˌhaɪs]
panty (de)	tights	[taɪts]
nylonkousen (mv.)	stockings	['stɒkɪŋz]
badpak (het)	swimsuit, bikini	['swɪmsu:t], [bɪ'ki:nɪ]

35. Hoofddeksels

hoed (de)	hat	[hæt]
deukhoed (de)	trilby hat	['trɪlbɪ hæt]
honkbalpet (de)	baseball cap	['beɪsbɔ:l kæp]
kleppet (de)	flatcap	[flæt kæp]
baret (de)	beret	['bereɪ]
kap (de)	hood	[hʊd]
panamahoed (de)	panama	['pænəmɑ:]
gebreide muts (de)	knitted hat	['nɪtɪdˌhæt]
hoofddoek (de)	headscarf	['hedskɑ:f]
dameshoed (de)	women's hat	['wɪmɪns hæt]
veiligheidshelm (de)	hard hat	[hɑ:d hæt]
veldmuts (de)	forage cap	['fɒrɪdʒ kæp]
helm, valhelm (de)	helmet	['helmɪt]
bolhoed (de)	bowler	['bəʊlə(r)]
hoge hoed (de)	top hat	[tɒp hæt]

36. Schoeisel

schoeisel (het)	footwear	['fʊtweə(r)]
schoenen (mv.)	ankle boots	['æŋkəl bu:ts]
vrouwenschoenen (mv.)	shoes	[ʃu:z]
laarzen (mv.)	boots	[bu:ts]
pantoffels (mv.)	slippers	['slɪpəz]
sportschoenen (mv.)	trainers	['treɪnəz]
sneakers (mv.)	plimsolls, pumps	['plɪmsəlz], [pʌmps]
sandalen (mv.)	sandals	['sændəlz]
schoenlapper (de)	cobbler	['kɒblə(r)]
hiel (de)	heel	[hi:l]
paar (een ~ schoenen)	pair	[peə(r)]
veter (de)	shoelace	['ʃu:leɪs]

rijgen (schoenen ~)	to lace up (vt)	[tə leɪs ʌp]
schoenlepel (de)	shoehorn	[ˈʃuːhɔːn]
schoensmeer (de/het)	shoe polish	[ʃuː ˈpɒlɪʃ]

37. Persoonlijke accessoires

handschoenen (mv.)	gloves	[glʌvz]
wanten (mv.)	mittens	[ˈmɪtənz]
sjaal (fleece ~)	scarf	[skɑːf]

bril (de)	glasses	[ˈglɑːsɪz]
brilmontuur (het)	frame	[freɪm]
paraplu (de)	umbrella	[ʌmˈbrelə]
wandelstok (de)	walking stick	[ˈwɔːkɪŋ stɪk]
haarborstel (de)	hairbrush	[ˈheəbrʌʃ]
waaier (de)	fan	[fæn]

das (de)	tie	[taɪ]
strikje (het)	bow tie	[bəʊ taɪ]
bretels (mv.)	braces	[ˈbreɪsiz]
zakdoek (de)	handkerchief	[ˈhæŋkətʃɪf]

kam (de)	comb	[kəʊm]
haarspeldje (het)	hair slide	[ˈheəˌslaɪd]
schuifspeldje (het)	hairpin	[ˈheəpɪn]
gesp (de)	buckle	[ˈbʌkəl]

| broekriem (de) | belt | [belt] |
| draagriem (de) | shoulder strap | [ˈʃəʊldə stræp] |

handtas (de)	bag	[bæg]
damestas (de)	handbag	[ˈhændbæg]
rugzak (de)	rucksack	[ˈrʌksæk]

38. Kleding. Diversen

mode (de)	fashion	[ˈfæʃən]
de mode (bn)	in vogue	[ɪn vəʊg]
kledingstilist (de)	fashion designer	[ˈfæʃən dɪˈzaɪnə(r)]

kraag (de)	collar	[ˈkɒlə(r)]
zak (de)	pocket	[ˈpɒkɪt]
zak- (abn)	pocket	[ˈpɒkɪt]
mouw (de)	sleeve	[sliːv]
lusje (het)	hanging loop	[ˈhæŋɪŋ luːp]
gulp (de)	flies	[flaɪz]

rits (de)	zip	[zɪp]
sluiting (de)	fastener	[ˈfɑːsənə(r)]
knoop (de)	button	[ˈbʌtən]
knoopsgat (het)	buttonhole	[ˈbʌtənhəʊl]
losraken (bijv. knopen)	to come off	[tə kʌm ɒf]

naaien (kleren, enz.)	to sew (vi, vt)	[tə səʊ]
borduren (ww)	to embroider (vi, vt)	[tə ɪmˈbrɔɪdə(r)]
borduursel (het)	embroidery	[ɪmˈbrɔɪdərɪ]
naald (de)	sewing needle	[ˈniːdəl]
draad (de)	thread	[θred]
naad (de)	seam	[siːm]

vies worden (ww)	to get dirty (vi)	[tə get ˈdɜːtɪ]
vlek (de)	stain	[steɪn]
gekreukt raken (ov. kleren)	to crease, crumple (vi)	[tə kriːs], [ˈkrʌmpəl]
scheuren (ov.ww.)	to tear, to rip (vt)	[tə teər], [tə rɪp]
mot (de)	clothes moth	[kləʊðz mɒθ]

39. Persoonlijke verzorging. Schoonheidsmiddelen

tandpasta (de)	toothpaste	[ˈtuːθpeɪst]
tandenborstel (de)	toothbrush	[ˈtuːθbrʌʃ]
tanden poetsen (ww)	to clean one's teeth	[tə kliːn wʌns ˈtiːθ]

scheermes (het)	razor	[ˈreɪzə(r)]
scheerschuim (het)	shaving cream	[ˈʃeɪvɪŋ ˌkriːm]
zich scheren (ww)	to shave (vi)	[tə ʃeɪv]

| zeep (de) | soap | [səʊp] |
| shampoo (de) | shampoo | [ʃæmˈpuː] |

schaar (de)	scissors	[ˈsɪzəz]
nagelvijl (de)	nail file	[ˈneɪl ˌfaɪl]
nagelknipper (de)	nail clippers	[neɪl ˈklɪpərz]
pincet (het)	tweezers	[ˈtwiːzəz]

cosmetica (de)	cosmetics	[kɒzˈmetɪks]
masker (het)	face mask	[feɪs mɑːsk]
manicure (de)	manicure	[ˈmænɪˌkjʊə(r)]
manicure doen	to have a manicure	[tə hævə ˈmænɪˌkjʊə]
pedicure (de)	pedicure	[ˈpedɪˌkjʊə(r)]

cosmetica tasje (het)	make-up bag	[ˈmeɪk ʌp ˌbæg]
poeder (de/het)	face powder	[feɪs ˈpaʊdə(r)]
poederdoos (de)	powder compact	[ˈpaʊdə ˈkɒmpækt]
rouge (de)	blusher	[ˈblʌʃə(r)]

parfum (de/het)	perfume	[ˈpɜːfjuːm]
eau de toilet (de)	toilet water	[ˈtɔɪlɪt ˈwɔːtə(r)]
lotion (de)	lotion	[ˈləʊʃən]
eau de cologne (de)	cologne	[kəˈləʊn]

oogschaduw (de)	eyeshadow	[ˈaɪʃædəʊ]
oogpotlood (het)	eyeliner	[ˈaɪˌlaɪnə(r)]
mascara (de)	mascara	[mæsˈkɑːrə]

lippenstift (de)	lipstick	[ˈlɪpstɪk]
nagellak (de)	nail polish	[ˈneɪl ˌpɒlɪʃ]
haarlak (de)	hair spray	[ˈheəspreɪ]

deodorant (de)	deodorant	[di:'əudərənt]
crème (de)	cream	[kri:m]
gezichtscrème (de)	face cream	['feɪs ˌkri:m]
handcrème (de)	hand cream	['hænd ˌkri:m]
antirimpelcrème (de)	anti-wrinkle cream	['æntɪ 'rɪŋkəl kri:m]
dagcrème (de)	day cream	['deɪ ˌkri:m]
nachtcrème (de)	night cream	['naɪt ˌkri:m]

tampon (de)	tampon	['tæmpɒn]
toiletpapier (het)	toilet paper	['tɔɪlɪt 'peɪpə(r)]
föhn (de)	hair dryer	['heəˌdraɪə(r)]

40. Horloges. Klokken

polshorloge (het)	watch	[wɒtʃ]
wijzerplaat (de)	dial	['daɪəl]
wijzer (de)	hand	[hænd]
metalen horlogeband (de)	bracelet	['breɪslɪt]
horlogebandje (het)	watch strap	[wɒtʃ stræp]

batterij (de)	battery	['bætərɪ]
leeg zijn (ww)	to be flat	[tə bi flæt]
batterij vervangen	to change a battery	[tə tʃeɪndʒ ə 'bætərɪ]
voorlopen (ww)	to run fast	[tə rʌn fɑ:st]
achterlopen (ww)	to run slow	[tə rʌn sləu]

wandklok (de)	wall clock	['wɔ:l ˌklɒk]
zandloper (de)	hourglass	['auəglɑ:s]
zonnewijzer (de)	sundial	['sʌndaɪəl]
wekker (de)	alarm clock	[ə'lɑ:m klɒk]
horlogemaker (de)	watchmaker	['wɒtʃˌmeɪkə(r)]
repareren (ww)	to repair (vt)	[tə rɪ'peə(r)]

ALLEDAAGSE ERVARING

41. Geld

geld (het)	money	['mʌnɪ]
ruil (de)	currency exchange	['kʌrənsɪ ɪks'tʃeɪndʒ]
koers (de)	exchange rate	[ɪks'tʃeɪndʒ reɪt]
geldautomaat (de)	cashpoint	['kæʃpɔɪnt]
muntstuk (de)	coin	[kɔɪn]
dollar (de)	dollar	['dɒlə(r)]
euro (de)	euro	['jʊərəʊ]
lire (de)	lira	['lɪərə]
Duitse mark (de)	Deutschmark	['dɔɪtʃmɑːk]
frank (de)	franc	[fræŋk]
pond sterling (het)	pound sterling	[paʊnd 'stɜːlɪŋ]
yen (de)	yen	[jen]
schuld (geldbedrag)	debt	[det]
schuldenaar (de)	debtor	['detə(r)]
uitlenen (ww)	to lend (vt)	[tə lend]
lenen (geld ~)	to borrow (vt)	[tə 'bɒrəʊ]
bank (de)	bank	[bæŋk]
bankrekening (de)	account	[ə'kaʊnt]
storten (ww)	to deposit (vt)	[tə dɪ'pɒzɪt]
kredietkaart (de)	credit card	['kredɪt kɑːd]
baar geld (het)	cash	[kæʃ]
cheque (de)	cheque	[tʃek]
een cheque uitschrijven	to write a cheque	[tə ˌraɪt ə 'tʃek]
chequeboekje (het)	chequebook	['tʃekˌbʊk]
portefeuille (de)	wallet	['wɒlɪt]
geldbeugel (de)	purse	[pɜːs]
safe (de)	safe	[seɪf]
erfgenaam (de)	heir	[eə(r)]
erfenis (de)	inheritance	[ɪn'herɪtəns]
fortuin (het)	fortune	['fɔːtʃuːn]
huur (de)	lease, let	[liːs], [let]
huurprijs (de)	rent	[rent]
huren (huis, kamer)	to rent (vt)	[tə rent]
prijs (de)	price	[praɪs]
kostprijs (de)	cost	[kɒst]
som (de)	sum	[sʌm]
kosten (mv.)	expenses	[ɪk'spensɪz]

bezuinigen (ww)	to economize (vi, vt)	[tə ɪ'kɒnəmaɪz]
zuinig (bn)	economical	[ˌiːkə'nɒmɪkəl]
betalen (ww)	to pay (vi, vt)	[tə peɪ]
betaling (de)	payment	['peɪmənt]
wisselgeld (het)	change	[tʃeɪndʒ]
belasting (de)	tax	[tæks]
boete (de)	fine	[faɪn]
beboeten (bekeuren)	to fine (vt)	[tə faɪn]

42. Post. Postkantoor

postkantoor (het)	post office	[pəust 'ɒfɪs]
post (de)	post	[pəust]
postbode (de)	postman	[pəustmən]
openingsuren (mv.)	opening hours	['əupənɪŋ ˌauəz]
brief (de)	letter	['letə(r)]
aangetekende brief (de)	registered letter	['redʒɪstəd 'letə(r)]
briefkaart (de)	postcard	['pəustkɑːd]
telegram (het)	telegram	['telɪgræm]
postpakket (het)	parcel	['pɑːsəl]
overschrijving (de)	money transfer	['mʌni træns'fɜː(r)]
ontvangen (ww)	to receive (vt)	[tə rɪ'siːv]
sturen (zenden)	to send (vt)	[tə send]
verzending (de)	sending	['sendɪŋ]
adres (het)	address	[ə'dres]
postcode (de)	postcode	['pəustkəud]
verzender (de)	sender	['sendə(r)]
ontvanger (de)	receiver	[rɪ'siːvə(r)]
naam (de)	name	[neɪm]
achternaam (de)	family name	['fæmlɪ ˌneɪm]
tarief (het)	rate	[reɪt]
standaard (bn)	standard	['stændəd]
zuinig (bn)	economical	[ˌiːkə'nɒmɪkəl]
gewicht (het)	weight	[weɪt]
afwegen (op de weegschaal)	to weigh up (vt)	[tə weɪt ʌp]
envelop (de)	envelope	['envələup]
postzegel (de)	postage stamp	['pəustɪdʒ ˌstæmp]
een postzegel plakken op	to stamp an envelope	[tə stæmp ən 'envələup]

43. Bankieren

bank (de)	bank	[bæŋk]
bankfiliaal (het)	branch	[brɑːntʃ]
bankbediende (de)	consultant	[kən'sʌltənt]

manager (de)	manager	['mænɪdʒə(r)]
bankrekening (de)	bank account	[bæŋk ə'kaʊnt]
rekeningnummer (het)	account number	[ə'kaʊnt 'nʌmbə(r)]
lopende rekening (de)	current account	['kʌrənt ə'kaʊnt]
spaarrekening (de)	deposit account	[dɪ'pɒzɪt ə'kaʊnt]
een rekening openen	to open an account	[tu 'əʊpən ən ə'kaʊnt]
de rekening sluiten	to close the account	[tə kləʊz ðɪ ə'kaʊnt]
storting (de)	deposit	[dɪ'pɒzɪt]
een storting maken	to make a deposit	[tə meɪk ə dɪ'pɒzɪt]
overschrijving (de)	wire transfer	['waɪə 'trænsfɜː(r)]
een overschrijving maken	to wire, to transfer	[tə 'waɪə], [tə træns'fɜː]
som (de)	sum	[sʌm]
Hoeveel?	How much?	[ˌhaʊ 'mʌtʃ]
handtekening (de)	signature	['sɪgnətʃə(r)]
ondertekenen (ww)	to sign (vt)	[tə saɪn]
kredietkaart (de)	credit card	['kredɪt kɑːd]
code (de)	code	[kəʊd]
kredietkaartnummer (het)	credit card number	['kredɪt kɑːd 'nʌmbə(r)]
geldautomaat (de)	cashpoint	['kæʃpɔɪnt]
cheque (de)	cheque	[tʃek]
een cheque uitschrijven	to write a cheque	[tə ˌraɪt ə 'tʃek]
chequeboekje (het)	chequebook	['tʃek‚bʊk]
lening, krediet (de)	loan	[ləʊn]
een lening aanvragen	to apply for a loan	[tə ə'plaɪ fɔːrə ləʊn]
een lening nemen	to get a loan	[tə get ə ləʊn]
een lening verlenen	to give a loan	[tə gɪv ə ləʊn]
garantie (de)	guarantee	[ˌgærən'tiː]

44. Telefoon. Telefoongesprek

telefoon (de)	telephone	['telɪfəʊn]
mobieltje (het)	mobile phone	['məʊbaɪl fəʊn]
antwoordapparaat (het)	answering machine	['ɑːnsərɪŋ mə'ʃiːn]
bellen (ww)	to ring (vi, vt)	[tə rɪŋ]
belletje (telefoontje)	call, ring	[kɔːl], [rɪŋ]
een nummer draaien	to dial a number	[tə 'daɪəl ə 'nʌmbə(r)]
Hallo!	Hello!	[hə'ləʊ]
vragen (ww)	to ask (vt)	[tə ɑːsk]
antwoorden (ww)	to answer (vi, vt)	[tə 'ɑːnsə(r)]
horen (ww)	to hear (vt)	[tə hɪə(r)]
goed (bw)	well	[wel]
slecht (bw)	not well	[nɒt wel]
storingen (mv.)	noises	[nɔɪzɪz]
hoorn (de)	receiver	[rɪ'siːvə(r)]

| opnemen (ww) | to pick up the phone | [tə pɪk ʌp ðə fəʊn] |
| ophangen (ww) | to hang up | [tə hæŋg ʌp] |

bezet (bn)	engaged	[ɪn'geɪdʒd]
overgaan (ww)	to ring (vi)	[tə rɪŋ]
telefoonboek (het)	telephone book	['telɪfəʊn bʊk]

lokaal (bn)	local	['ləʊkəl]
interlokaal (bn)	trunk	[trʌŋk]
buitenlands (bn)	international	[ˌɪntə'næʃənəl]

45. Mobiele telefoon

mobieltje (het)	mobile phone	['məʊbaɪl fəʊn]
scherm (het)	display	[dɪ'spleɪ]
toets, knop (de)	button	['bʌtən]
simkaart (de)	SIM card	[sɪm kɑːd]

batterij (de)	battery	['bætərɪ]
leeg zijn (ww)	to be flat	[tə bi flæt]
acculader (de)	charger	['tʃɑːdʒə(r)]

menu (het)	menu	['menjuː]
instellingen (mv.)	settings	['setɪŋz]
melodie (beltoon)	tune	[tjuːn]
selecteren (ww)	to select (vt)	[tə sɪ'lekt]

rekenmachine (de)	calculator	['kælkjʊleɪtə(r)]
voicemail (de)	voice mail	[vɔɪs meɪl]
wekker (de)	alarm clock	[ə'lɑːm klɒk]
contacten (mv.)	contacts	['kɒntækts]

| SMS-bericht (het) | SMS | [ˌesem'es] |
| abonnee (de) | subscriber | [səb'skraɪbə(r)] |

46. Schrijfbehoeften

| balpen (de) | ballpoint pen | ['bɔːlpɔɪnt pen] |
| vulpen (de) | fountain pen | ['faʊntɪn pen] |

potlood (het)	pencil	['pensəl]
marker (de)	highlighter	['haɪlaɪtə(r)]
viltstift (de)	felt-tip pen	[felt tɪp pen]

| notitieboekje (het) | notepad | ['nəʊtpæd] |
| agenda (boekje) | diary | ['daɪərɪ] |

liniaal (de/het)	ruler	['ruːlə(r)]
rekenmachine (de)	calculator	['kælkjʊleɪtə(r)]
gom (de)	rubber	['rʌbə(r)]
punaise (de)	drawing pin	['drɔːɪŋ pɪn]
paperclip (de)	paper clip	['peɪpə klɪp]

lijm (de)	glue	[glu:]
nietmachine (de)	stapler	['steɪplə(r)]
perforator (de)	hole punch	[həʊl pʌntʃ]
potloodslijper (de)	pencil sharpener	['pensəl 'ʃɑːpənə(r)]

47. Vreemde talen

taal (de)	language	['læŋgwɪdʒ]
vreemd (bn)	foreign	['fɒrən]
leren (bijv. van buiten ~)	to study (vt)	[tə 'stʌdɪ]
studeren (Nederlands ~)	to learn (vt)	[tə lɜ:n]

lezen (ww)	to read (vi, vt)	[tə ri:d]
spreken (ww)	to speak (vi, vt)	[tə spi:k]
begrijpen (ww)	to understand (vt)	[tə,ʌndə'stænd]
schrijven (ww)	to write (vt)	[tə raɪt]

snel (bw)	quickly, fast	['kwɪklɪ], [fɑ:st]
langzaam (bw)	slowly	['sləʊlɪ]
vloeiend (bw)	fluently	['flu:əntlɪ]

regels (mv.)	rules	[ru:lz]
grammatica (de)	grammar	['græmə(r)]
vocabulaire (het)	vocabulary	[və'kæbjʊlərɪ]
fonetiek (de)	phonetics	[fə'netɪks]

leerboek (het)	textbook	['tekstbʊk]
woordenboek (het)	dictionary	['dɪkʃənərɪ]
leerboek (het) voor zelfstudie	teach-yourself book	[ti:tʃ jɔ:'self bʊk]
taalgids (de)	phrasebook	['freɪzbʊk]

cassette (de)	cassette	[kæ'set]
videocassette (de)	videotape	['vɪdɪəʊteɪp]
CD (de)	CD, compact disc	[,si:'di:], [kəm'pækt dɪsk]
DVD (de)	DVD	[,di:vi:'di:]

alfabet (het)	alphabet	['ælfəbet]
spellen (ww)	to spell (vt)	[tə spel]
uitspraak (de)	pronunciation	[prə,nʌnsɪ'eɪʃən]

accent (het)	accent	['æksent]
met een accent (bw)	with an accent	[wɪð ən 'æksent]
zonder accent (bw)	without an accent	[wɪ'ðaʊt ən 'æksent]

woord (het)	word	[wɜ:d]
betekenis (de)	meaning	['mi:nɪŋ]

cursus (de)	course	[kɔ:s]
zich inschrijven (ww)	to sign up (vi)	[tə saɪn ʌp]
leraar (de)	teacher	['ti:tʃə(r)]

vertaling (tekst)	translation	[træns'leɪʃən]
vertaler (de)	translator	[træns'leɪtə(r)]
tolk (de)	interpreter	[ɪn'tɜ:prɪtə(r)]

polyglot (de)	**polyglot**	[ˈpɒlɪglɒt]
geheugen (het)	**memory**	[ˈmemərɪ]

MAALTIJDEN. RESTAURANT

48. Tafelschikking

lepel (de)	spoon	[spu:n]
mes (het)	knife	[naɪf]
vork (de)	fork	[fɔ:k]
kopje (het)	cup	[kʌp]
bord (het)	plate	[pleɪt]
schoteltje (het)	saucer	['sɔːsə(r)]
servet (het)	serviette	[ˌsɜːvɪ'et]
tandenstoker (de)	toothpick	['tuːθpɪk]

49. Restaurant

restaurant (het)	restaurant	['restrɒnt]
koffiehuis (het)	coffee bar	['kɒfɪ bɑ:(r)]
bar (de)	pub	[pʌb]
tearoom (de)	tearoom	['ti:rʊm]
kelner, ober (de)	waiter	['weɪtə(r)]
serveerster (de)	waitress	['weɪtrɪs]
barman (de)	barman	['bɑːmən]
menu (het)	menu	['menju:]
wijnkaart (de)	wine list	['waɪn lɪst]
een tafel reserveren	to book a table	[tə bʊk ə 'teɪbəl]
gerecht (het)	course, dish	[kɔːs], [dɪʃ]
bestellen (eten ~)	to order (vi, vt)	[tə 'ɔːdə(r)]
een bestelling maken	to make an order	[tə meɪk ən 'ɔːdə(r)]
aperitief (de/het)	aperitif	[əperə'ti:f]
voorgerecht (het)	starter	['stɑːtə(r)]
dessert (het)	dessert	[dɪ'zɜːt]
rekening (de)	bill	[bɪl]
de rekening betalen	to pay the bill	[tə peɪ ðə bɪl]
wisselgeld teruggeven	to give change	[tə gɪv 'tʃeɪndʒ]
fooi (de)	tip	[tɪp]

50. Maaltijden

eten (het)	food	[fu:d]
eten (ww)	to eat (vi, vt)	[tə i:t]

ontbijt (het)	breakfast	['brekfəst]
ontbijten (ww)	to have breakfast	[tə hæv 'brekfəst]
lunch (de)	lunch	[lʌntʃ]
lunchen (ww)	to have lunch	[tə hæv lʌntʃ]
avondeten (het)	dinner	['dɪnə(r)]
souperen (ww)	to have dinner	[tə hæv 'dɪnə(r)]

eetlust (de)	appetite	['æpɪtaɪt]
Eet smakelijk!	Enjoy your meal!	[ɪn'dʒɔɪ jɔː ˌmiːl]

openen (een fles ~)	to open (vt)	[tə 'əupən]
morsen (koffie, enz.)	to spill (vt)	[tə spɪl]
zijn gemorst	to spill out (vi)	[tə spɪl aut]

koken (water kookt bij 100°C)	to boil (vi)	[tə bɔɪl]
koken (Hoe om water te ~)	to boil (vt)	[tə bɔɪl]
gekookt (~ water)	boiled	['bɔɪld]
afkoelen (koeler maken)	to chill, cool down (vt)	[tə tʃɪl], [kuːl daun]
afkoelen (koeler worden)	to chill (vi)	[tə tʃɪl]

smaak (de)	taste, flavour	[teɪst], ['fleɪvə(r)]
nasmaak (de)	aftertaste	['ɑːftəteɪst]

volgen een dieet	to slim down	[tə slɪm daun]
dieet (het)	diet	['daɪət]
vitamine (de)	vitamin	['vɪtəmɪn]
calorie (de)	calorie	['kælərɪ]
vegetariër (de)	vegetarian	[ˌvedʒɪ'teərɪən]
vegetarisch (bn)	vegetarian	[ˌvedʒɪ'teərɪən]

vetten (mv.)	fats	[fæts]
eiwitten (mv.)	proteins	['prəutiːnz]
koolhydraten (mv.)	carbohydrates	[ˌkɑːbəu'haɪdreɪts]
snede (de)	slice	[slaɪs]
stuk (bijv. een ~ taart)	piece	[piːs]
kruimel (de)	crumb	[krʌm]

51. Bereide gerechten

gerecht (het)	course, dish	[kɔːs], [dɪʃ]
keuken (bijv. Franse ~)	cuisine	[kwɪ'ziːn]
recept (het)	recipe	['resɪpɪ]
portie (de)	portion	['pɔːʃən]

salade (de)	salad	['sæləd]
soep (de)	soup	[suːp]

bouillon (de)	clear soup	[ˌklɪə 'suːp]
boterham (de)	sandwich	['sænwɪdʒ]
spiegelei (het)	fried eggs	['fraɪd ˌegz]

hamburger (de)	cutlet	['kʌtlɪt]
hamburger (de)	hamburger	['hæmbɜːgə(r)]
biefstuk (de)	steak	[steɪk]

hutspot (de)	stew	[stju:]
garnering (de)	side dish	[saɪd dɪʃ]
spaghetti (de)	spaghetti	[spə'getɪ]
aardappelpuree (de)	mash	[mæʃ]
pizza (de)	pizza	['pi:tsə]
pap (de)	porridge	['pɒrɪdʒ]
omelet (de)	omelette	['ɒmlɪt]

gekookt (in water)	boiled	['bɔɪld]
gerookt (bn)	smoked	[sməʊkt]
gebakken (bn)	fried	[fraɪd]
gedroogd (bn)	dried	[draɪd]
diepvries (bn)	frozen	['frəʊzən]
gemarineerd (bn)	pickled	['pɪkəld]

zoet (bn)	sweet	[swi:t]
gezouten (bn)	salty	['sɔ:ltɪ]
koud (bn)	cold	[kəʊld]
heet (bn)	hot	[hɒt]
bitter (bn)	bitter	['bɪtə(r)]
lekker (bn)	tasty	['teɪstɪ]

koken (in kokend water)	to cook in boiling water	[tə kʊk in 'bɔɪlɪŋ 'wɔ:tə]
bereiden (avondmaaltijd ~)	to cook (vt)	[tə kʊk]
bakken (ww)	to fry (vt)	[tə fraɪ]
opwarmen (ww)	to heat up	[tə hi:t ʌp]

zouten (ww)	to salt (vt)	[tə sɔ:lt]
peperen (ww)	to pepper (vt)	[tə 'pepə(r)]
raspen (ww)	to grate (vt)	[tə greɪt]
schil (de)	peel	[pi:l]
schillen (ww)	to peel (vt)	[tə pi:l]

52. Voedsel

vlees (het)	meat	[mi:t]
kip (de)	chicken	['tʃɪkɪn]
kuiken (het)	poussin	['pu:sæn]
eend (de)	duck	[dʌk]
gans (de)	goose	[gu:s]
wild (het)	game	[geɪm]
kalkoen (de)	turkey	['tɜ:kɪ]

varkensvlees (het)	pork	[pɔ:k]
kalfsvlees (het)	veal	[vi:l]
schapenvlees (het)	lamb	[læm]
rundvlees (het)	beef	[bi:f]
konijnenvlees (het)	rabbit	['ræbɪt]

worst (de)	sausage	['sɒsɪdʒ]
saucijs (de)	vienna sausage	[vɪ'enə 'sɒsɪdʒ]
spek (het)	bacon	['beɪkən]
ham (de)	ham	[hæm]
gerookte achterham (de)	gammon	['gæmən]

paté, pastei (de)	pâté	['pæteɪ]
lever (de)	liver	['lɪvə(r)]
varkensvet (het)	lard	[lɑːd]
gehakt (het)	mince	[mɪns]
tong (de)	tongue	[tʌŋ]

ei (het)	egg	[eg]
eieren (mv.)	eggs	[egz]
eiwit (het)	egg white	['eg ˌwaɪt]
eigeel (het)	egg yolk	['eg ˌjəʊk]

vis (de)	fish	[fɪʃ]
zeevruchten (mv.)	seafood	['siːfuːd]
schaaldieren (mv.)	crustaceans	[krʌ'steɪʃənz]
kaviaar (de)	caviar	['kævɪɑː(r)]

krab (de)	crab	[kræb]
garnaal (de)	prawn	[prɔːn]
oester (de)	oyster	['ɔɪstə(r)]
langoest (de)	spiny lobster	['spaɪnɪ 'lɒbstə(r)]
octopus (de)	octopus	['ɒktəpəs]
inktvis (de)	squid	[skwɪd]

steur (de)	sturgeon	['stɜːdʒən]
zalm (de)	salmon	['sæmən]
heilbot (de)	halibut	['hælɪbət]

kabeljauw (de)	cod	[kɒd]
makreel (de)	mackerel	['mækərəl]
tonijn (de)	tuna	['tjuːnə]
paling (de)	eel	[iːl]

forel (de)	trout	[traʊt]
sardine (de)	sardine	[sɑː'diːn]
snoek (de)	pike	[paɪk]
haring (de)	herring	['herɪŋ]

brood (het)	bread	[bred]
kaas (de)	cheese	[tʃiːz]
suiker (de)	sugar	['ʃʊgə(r)]
zout (het)	salt	[sɔːlt]

rijst (de)	rice	[raɪs]
pasta (de)	pasta	['pæstə]
noedels (mv.)	noodles	['nuːdəlz]

boter (de)	butter	['bʌtə(r)]
plantaardige olie (de)	vegetable oil	['vedʒtəbəl ɔɪl]
zonnebloemolie (de)	sunflower oil	['sʌnˌflaʊə ɔɪl]
margarine (de)	margarine	[ˌmɑːdʒə'riːn]

| olijven (mv.) | olives | ['ɒlɪvz] |
| olijfolie (de) | olive oil | ['ɒlɪv ˌɔɪl] |

| melk (de) | milk | [mɪlk] |
| gecondenseerde melk (de) | condensed milk | [kən'denst mɪlk] |

yoghurt (de)	yogurt	['jəʊgərt]
zure room (de)	sour cream	['saʊə ˌkri:m]
room (de)	cream	[kri:m]

| mayonaise (de) | mayonnaise | [ˌmeɪə'neɪz] |
| crème (de) | buttercream | ['bʌtəˌkri:m] |

graan (het)	cereal grain	['sɪərɪəl greɪn]
meel (het), bloem (de)	flour	['flaʊə(r)]
conserven (mv.)	tinned food	['tɪnd fu:d]

maïsvlokken (mv.)	cornflakes	['kɔ:nfleɪks]
honing (de)	honey	['hʌnɪ]
jam (de)	jam	[dʒæm]
kauwgom (de)	chewing gum	['tʃu:ɪŋ ˌgʌm]

53. Drankjes

water (het)	water	['wɔ:tə(r)]
drinkwater (het)	drinking water	['drɪŋkɪŋ ˌwɔ:tə(r)]
mineraalwater (het)	mineral water	['mɪnərəl 'wɔ:tə(r)]

zonder gas	still	[stɪl]
koolzuurhoudend (bn)	carbonated	['kɑ:bəneɪtɪd]
bruisend (bn)	sparkling	['spɑ:klɪŋ]
IJs (het)	ice	[aɪs]
met ijs	with ice	[wɪð aɪs]

alcohol vrij (bn)	non-alcoholic	[nɒn ˌælkə'hɒlɪk]
alcohol vrije drank (de)	soft drink	[sɒft drɪŋk]
frisdrank (de)	cool soft drink	[ku:l sɒft drɪŋk]
limonade (de)	lemonade	[ˌlemə'neɪd]

alcoholische dranken (mv.)	spirits	['spɪrɪts]
wijn (de)	wine	[waɪn]
witte wijn (de)	white wine	['waɪt ˌwaɪn]
rode wijn (de)	red wine	['red ˌwaɪn]

likeur (de)	liqueur	[lɪ'kjʊə(r)]
champagne (de)	champagne	[ʃæm'peɪn]
vermout (de)	vermouth	[vɜ:'mu:θ]

whisky (de)	whisky	['wɪskɪ]
wodka (de)	vodka	['vɒdkə]
gin (de)	gin	[dʒɪn]
cognac (de)	cognac	['kɒnjæk]
rum (de)	rum	[rʌm]

koffie (de)	coffee	['kɒfɪ]
zwarte koffie (de)	black coffee	[blæk 'kɒfɪ]
koffie (de) met melk	white coffee	[waɪt 'kɒfɪ]
cappuccino (de)	cappuccino	[ˌkæpʊ'tʃi:nəʊ]
oploskoffie (de)	instant coffee	['ɪnstənt 'kɒfɪ]
melk (de)	milk	[mɪlk]

cocktail (de)	cocktail	['kɒkteɪl]
milkshake (de)	milk shake	['mɪlk ʃeɪk]

sap (het)	juice	[dʒuːs]
tomatensap (het)	tomato juice	[tə'mɑːtəʊ dʒuːs]
sinaasappelsap (het)	orange juice	['ɒrɪndʒ ˌdʒuːs]
vers geperst sap (het)	freshly squeezed juice	['freʃlɪ skwiːzd dʒuːs]

bier (het)	beer	[bɪə(r)]
licht bier (het)	lager	['lɑːgə(r)]
donker bier (het)	bitter	['bɪtə(r)]

thee (de)	tea	[tiː]
zwarte thee (de)	black tea	[blæk tiː]
groene thee (de)	green tea	['griːnˌtiː]

54. Groenten

groenten (mv.)	vegetables	['vedʒtəbəlz]
verse kruiden (mv.)	greens	[griːnz]

tomaat (de)	tomato	[tə'mɑːtəʊ]
augurk (de)	cucumber	['kjuːkʌmbə(r)]
wortel (de)	carrot	['kærət]
aardappel (de)	potato	[pə'teɪtəʊ]
ui (de)	onion	['ʌnjən]
knoflook (de)	garlic	['gɑːlɪk]

kool (de)	cabbage	['kæbɪdʒ]
bloemkool (de)	cauliflower	['kɒlɪˌflaʊə(r)]
spruitkool (de)	Brussels sprouts	['brʌsəlz ˌspraʊts]
broccoli (de)	broccoli	['brɒkəlɪ]

rode biet (de)	beetroot	['biːtruːt]
aubergine (de)	aubergine	['əʊbəʒiːn]
courgette (de)	courgette	[kɔːˈʒet]
pompoen (de)	pumpkin	['pʌmpkɪn]
raap (de)	turnip	['tɜːnɪp]

peterselie (de)	parsley	['pɑːslɪ]
dille (de)	dill	[dɪl]
sla (de)	lettuce	['letɪs]
selderij (de)	celery	['selərɪ]
asperge (de)	asparagus	[ə'spærəgəs]
spinazie (de)	spinach	['spɪnɪdʒ]

erwt (de)	pea	[piː]
bonen (mv.)	beans	[biːnz]
maïs (de)	maize	[meɪz]
boon (de)	kidney bean	['kɪdnɪ biːn]

peper (de)	pepper	['pepə(r)]
radijs (de)	radish	['rædɪʃ]
artisjok (de)	artichoke	['ɑːtɪtʃəʊk]

55. Vruchten. Noten

vrucht (de)	fruit	[fruːt]
appel (de)	apple	['æpəl]
peer (de)	pear	[peə(r)]
citroen (de)	lemon	['lemən]
sinaasappel (de)	orange	['ɒrɪndʒ]
aardbei (de)	strawberry	['strɔːbərɪ]
mandarijn (de)	tangerine	[ˌtændʒə'riːn]
pruim (de)	plum	[plʌm]
perzik (de)	peach	[piːtʃ]
abrikoos (de)	apricot	['eɪprɪkɒt]
framboos (de)	raspberry	['rɑːzbərɪ]
ananas (de)	pineapple	['paɪnˌæpəl]
banaan (de)	banana	[bə'nɑːnə]
watermeloen (de)	watermelon	['wɔːtəˌmelən]
druif (de)	grape	[greɪp]
meloen (de)	melon	['melən]
grapefruit (de)	grapefruit	['greɪpfruːt]
avocado (de)	avocado	[ˌævə'kɑːdəʊ]
papaja (de)	papaya	[pə'paɪə]
mango (de)	mango	['mæŋgəʊ]
granaatappel (de)	pomegranate	['pɒmɪˌgrænɪt]
rode bes (de)	redcurrant	['redkʌrənt]
zwarte bes (de)	blackcurrant	[ˌblæk'kʌrənt]
kruisbes (de)	gooseberry	['gʊzbərɪ]
bosbes (de)	bilberry	['bɪlbərɪ]
braambes (de)	blackberry	['blækbərɪ]
rozijn (de)	raisin	['reɪzən]
vijg (de)	fig	[fɪg]
dadel (de)	date	[deɪt]
pinda (de)	peanut	['piːnʌt]
amandel (de)	almond	['ɑːmənd]
walnoot (de)	walnut	['wɔːlnʌt]
hazelnoot (de)	hazelnut	['heɪzəlnʌt]
kokosnoot (de)	coconut	['kəʊkənʌt]
pistaches (mv.)	pistachios	[pɪ'stɑːʃɪəʊs]

56. Brood. Snoep

suikerbakkerij (de)	confectionery	[kən'fekʃənərɪ]
brood (het)	bread	[bred]
koekje (het)	biscuits	['bɪskɪts]
chocolade (de)	chocolate	['tʃɒkələt]
chocolade- (abn)	chocolate	['tʃɒkələt]
snoepje (het)	sweet	[swiːt]

| cakeje (het) | cake | [keɪk] |
| taart (bijv. verjaardags~) | cake | [keɪk] |

| pastei (de) | pie | [paɪ] |
| vulling (de) | filling | ['fɪlɪŋ] |

confituur (de)	jam	[dʒæm]
marmelade (de)	marmalade	['mɑːməleɪd]
wafel (de)	waffle	['wɒfəl]
IJsje (het)	ice-cream	[aɪs kriːm]
pudding (de)	pudding	['pʊdɪŋ]

57. Kruiden

zout (het)	salt	[sɔːlt]
gezouten (bn)	salty	['sɔːltɪ]
zouten (ww)	to salt (vt)	[tə sɔːlt]

zwarte peper (de)	black pepper	[blæk 'pepə(r)]
rode peper (de)	red pepper	[red 'pepə(r)]
mosterd (de)	mustard	['mʌstəd]
mierikswortel (de)	horseradish	['hɔːsˌrædɪʃ]

condiment (het)	condiment	['kɒndɪmənt]
specerij , kruiderij (de)	spice	[spaɪs]
saus (de)	sauce	[sɔːs]
azijn (de)	vinegar	['vɪnɪgə(r)]

anijs (de)	anise	['ænɪs]
basilicum (de)	basil	['bæzəl]
kruidnagel (de)	cloves	[kləʊvz]
gember (de)	ginger	['dʒɪndʒə(r)]
koriander (de)	coriander	[ˌkɒrɪ'ændə(r)]
kaneel (de/het)	cinnamon	['sɪnəmən]

sesamzaad (het)	sesame	['sesəmɪ]
laurierblad (het)	bay leaf	[beɪ liːf]
paprika (de)	paprika	['pæprɪkə]
komijn (de)	caraway	['kærəweɪ]
saffraan (de)	saffron	['sæfrən]

PERSOONLIJKE INFORMATIE. FAMILIE

58. Persoonlijke informatie. Formulieren

naam (de)	name, first name	[neɪm], [ˈfɜːst͵neɪm]
achternaam (de)	family name	[ˈfæmlɪ ͵neɪm]
geboortedatum (de)	date of birth	[deɪt əv bɜːθ]
geboorteplaats (de)	place of birth	[͵pleɪs əv ˈbɜːθ]
nationaliteit (de)	nationality	[͵næʃəˈnælətɪ]
woonplaats (de)	place of residence	[͵pleɪs əv ˈrezɪdəns]
land (het)	country	[ˈkʌntrɪ]
beroep (het)	profession	[prəˈfeʃən]
geslacht (ov. het vrouwelijk ~)	gender, sex	[ˈdʒendə(r)], [seks]
lengte (de)	height	[haɪt]
gewicht (het)	weight	[weɪt]

59. Familieleden. Verwanten

moeder (de)	mother	[ˈmʌðə(r)]
vader (de)	father	[ˈfɑːðə(r)]
zoon (de)	son	[sʌn]
dochter (de)	daughter	[ˈdɔːtə(r)]
jongste dochter (de)	younger daughter	[jʌŋgə ˈdɔːtə(r)]
jongste zoon (de)	younger son	[jʌŋgə ˈsʌn]
oudste dochter (de)	eldest daughter	[ˈeldɪst ˈdɔːtə(r)]
oudste zoon (de)	eldest son	[ˈeldɪst sʌn]
broer (de)	brother	[ˈbrʌðə(r)]
zuster (de)	sister	[ˈsɪstə(r)]
neef (zoon van oom/tante)	cousin	[ˈkʌzən]
nicht (dochter van oom/tante)	cousin	[ˈkʌzən]
mama (de)	mummy	[ˈmʌmɪ]
papa (de)	dad, daddy	[dæd], [ˈdædɪ]
ouders (mv.)	parents	[ˈpeərənts]
kind (het)	child	[tʃaɪld]
kinderen (mv.)	children	[ˈtʃɪldrən]
oma (de)	grandmother	[ˈgræn͵mʌðə(r)]
opa (de)	grandfather	[ˈgrænd͵fɑːðə(r)]
kleinzoon (de)	grandson	[ˈgrænsʌn]
kleindochter (de)	granddaughter	[ˈgræn͵dɔːtə(r)]
kleinkinderen (mv.)	grandchildren	[ˈgræn͵tʃɪldrən]
oom (de)	uncle	[ˈʌŋkəl]

tante (de)	aunt	[ɑːnt]
neef (zoon van broer/zus)	nephew	[ˈnefjuː]
nicht (dochter van broer/zus)	niece	[niːs]

schoonmoeder (de)	mother-in-law	[ˈmʌðər ɪn ˈlɔː]
schoonvader (de)	father-in-law	[ˈfɑːðə ɪn ˌlɔː]
schoonzoon (de)	son-in-law	[ˈsʌn ɪn ˌlɔː]
stiefmoeder (de)	stepmother	[ˈstepˌmʌðə(r)]
stiefvader (de)	stepfather	[ˈstepˌfɑːðə(r)]

zuigeling (de)	infant	[ˈɪnfənt]
wiegenkind (het)	baby	[ˈbeɪbɪ]
kleuter (de)	little boy	[ˈlɪtəl ˌbɔɪ]

| vrouw (de) | wife | [waɪf] |
| man (de) | husband | [ˈhʌzbənd] |

gehuwd (mann.)	married	[ˈmærɪd]
gehuwd (vrouw.)	married	[ˈmærɪd]
ongehuwd (mann.)	single	[ˈsɪŋɡəl]
vrijgezel (de)	bachelor	[ˈbætʃələ(r)]
gescheiden (bn)	divorced	[dɪˈvɔːst]
weduwe (de)	widow	[ˈwɪdəʊ]
weduwnaar (de)	widower	[ˈwɪdəʊə(r)]

familielid (het)	relative	[ˈrelətɪv]
dichte familielid (het)	close relative	[ˌkləʊs ˈrelətɪv]
verre familielid (het)	distant relative	[ˈdɪstənt ˈrelətɪv]
familieleden (mv.)	relatives	[ˈrelətɪvz]

wees (de), weeskind (het)	orphan	[ˈɔːfən]
voogd (de)	guardian	[ˈɡɑːdjən]
adopteren (een jongen te ~)	to adopt (vt)	[tə əˈdɒpt]
adopteren (een meisje te ~)	to adopt (vt)	[tə əˈdɒpt]

60. Vrienden. Collega's

vriend (de)	friend	[frend]
vriendin (de)	friend, girlfriend	[frend], [ˈɡɜːlfrend]
vriendschap (de)	friendship	[ˈfrendʃɪp]
bevriend zijn (ww)	to be friends	[tə bi frendz]

makker (de)	pal	[pæl]
vriendin (de)	pal	[pæl]
partner (de)	partner	[ˈpɑːtnə(r)]

chef (de)	chief	[tʃiːf]
baas (de)	boss, superior	[bɒs], [suːˈpɪərɪə(r)]
ondergeschikte (de)	subordinate	[səˈbɔːdɪnət]
collega (de)	colleague	[ˈkɒliːɡ]

kennis (de)	acquaintance	[əˈkweɪntəns]
medereiziger (de)	fellow traveller	[ˈfeləʊ ˈtrævələ(r)]
klasgenoot (de)	classmate	[ˈklɑːsmeɪt]

buurman (de)	**neighbour**	['neɪbə(r)]
buurvrouw (de)	**neighbour**	['neɪbə(r)]
buren (mv.)	**neighbours**	['neɪbəz]

MENSELIJK LICHAAM. GENEESKUNDE

61. Hoofd

hoofd (het)	head	[hed]
gezicht (het)	face	[feɪs]
neus (de)	nose	[nəʊz]
mond (de)	mouth	[maʊθ]

oog (het)	eye	[aɪ]
ogen (mv.)	eyes	[aɪz]
pupil (de)	pupil	['pju:pəl]
wenkbrauw (de)	eyebrow	['aɪbraʊ]
wimper (de)	eyelash	['aɪlæʃ]
ooglid (het)	eyelid	['aɪlɪd]

tong (de)	tongue	[tʌŋ]
tand (de)	tooth	[tu:θ]
lippen (mv.)	lips	[lɪps]
jukbeenderen (mv.)	cheekbones	['tʃi:kbəʊnz]
tandvlees (het)	gum	[gʌm]
gehemelte (het)	palate	['pælət]

neusgaten (mv.)	nostrils	['nɒstrɪlz]
kin (de)	chin	[tʃɪn]
kaak (de)	jaw	[dʒɔ:]
wang (de)	cheek	[tʃi:k]

voorhoofd (het)	forehead	['fɔ:hed]
slaap (de)	temple	['tempəl]
oor (het)	ear	[ɪə(r)]
achterhoofd (het)	back of the head	['bæk əv ðə ˌhed]
hals (de)	neck	[nek]
keel (de)	throat	[θrəʊt]

haren (mv.)	hair	[heə(r)]
kapsel (het)	hairstyle	['heəstaɪl]
haarsnit (de)	haircut	['heəkʌt]
pruik (de)	wig	[wɪg]

snor (de)	moustache	[mə'stɑ:ʃ]
baard (de)	beard	[bɪəd]
dragen (een baard, enz.)	to have (vt)	[tə hæv]
vlecht (de)	plait	[plæt]
bakkebaarden (mv.)	sideboards	['saɪdbɔ:dz]

ros (roodachtig, rossig)	red-haired	['red ˌheəd]
grijs (~ haar)	grey	[greɪ]
kaal (bn)	bald	[bɔ:ld]
kale plek (de)	bald patch	[bɔ:ld pætʃ]

| paardenstaart (de) | ponytail | ['pəʊniteɪl] |
| pony (de) | fringe | [frɪndʒ] |

62. Menselijk lichaam

| hand (de) | hand | [hænd] |
| arm (de) | arm | [ɑ:m] |

vinger (de)	finger	['fɪŋgə(r)]
duim (de)	thumb	[θʌm]
pink (de)	little finger	[ˌlɪtəl 'fɪŋgə(r)]
nagel (de)	nail	[neɪl]

vuist (de)	fist	[fɪst]
handpalm (de)	palm	[pɑ:m]
pols (de)	wrist	[rɪst]
voorarm (de)	forearm	['fɔ:rˌɑ:m]
elleboog (de)	elbow	['elbəʊ]
schouder (de)	shoulder	['ʃəʊldə(r)]

been (rechter ~)	leg	[leg]
voet (de)	foot	[fʊt]
knie (de)	knee	[ni:]
kuit (de)	calf	[kɑ:f]
heup (de)	hip	[hɪp]
hiel (de)	heel	[hi:l]

lichaam (het)	body	['bɒdɪ]
buik (de)	stomach	['stʌmək]
borst (de)	chest	[tʃest]
borst (de)	breast	[brest]
zijde (de)	flank	[flæŋk]
rug (de)	back	[bæk]
lage rug (de)	lower back	['ləʊə bæk]
taille (de)	waist	[weɪst]

navel (de)	navel	['neɪvəl]
billen (mv.)	buttocks	['bʌtəks]
achterwerk (het)	bottom	['bɒtəm]

huidvlek (de)	beauty mark	['bju:tɪ mɑ:k]
tatoeage (de)	tattoo	[tə'tu:]
litteken (het)	scar	[skɑ:(r)]

63. Ziekten

ziekte (de)	illness	['ɪlnɪs]
ziek zijn (ww)	to be ill	[tə bi ɪl]
gezondheid (de)	health	[helθ]

| snotneus (de) | runny nose | [ˌrʌnɪ 'nəʊz] |
| angina (de) | angina | [æn'dʒaɪnə] |

| verkoudheid (de) | cold | [kəʊld] |
| verkouden raken (ww) | to catch a cold | [tə kætʃ ə 'kəʊld] |

bronchitis (de)	bronchitis	[brɒŋ'kaɪtɪs]
longontsteking (de)	pneumonia	[njuː'məʊnɪə]
griep (de)	flu	[fluː]

bijziend (bn)	short-sighted	[ʃɔːt 'saɪtɪd]
verziend (bn)	long-sighted	[ˌlɒŋ'saɪtɪd]
scheelheid (de)	squint	[skwɪnt]
scheel (bn)	squint-eyed	[skwɪnt aɪd]
grauwe staar (de)	cataract	['kætərækt]
glaucoom (het)	glaucoma	[glɔː'kəʊmə]

beroerte (de)	stroke	[strəʊk]
hartinfarct (het)	heart attack	['hɑːt əˌtæk]
myocardiaal infarct (het)	myocardial infarction	[ˌmaɪəʊ'kɑːdɪəl ɪn'fɑːkʃən]
verlamming (de)	paralysis	[pə'rælɪsɪs]
verlammen (ww)	to paralyse (vt)	[tə 'pærəlaɪz]

allergie (de)	allergy	['ælədʒɪ]
astma (de/het)	asthma	['æsmə]
diabetes (de)	diabetes	[ˌdaɪə'biːtiːz]

| tandpijn (de) | toothache | ['tuːθeɪk] |
| tandbederf (het) | caries | ['keəriːz] |

diarree (de)	diarrhoea	[ˌdaɪə'rɪə]
constipatie (de)	constipation	[ˌkɒnstɪ'peɪʃən]
maagstoornis (de)	stomach upset	['stʌmək 'ʌpset]
voedselvergiftiging (de)	food poisoning	[fuːd 'pɔɪzənɪŋ]

artritis (de)	arthritis	[ɑː'θraɪtɪs]
rachitis (de)	rickets	['rɪkɪts]
reuma (het)	rheumatism	['ruːmətɪzəm]
arteriosclerose (de)	atherosclerosis	[ˌæθərəʊsklɪ'rəʊsɪs]

gastritis (de)	gastritis	[gæs'traɪtɪs]
blindedarmontsteking (de)	appendicitis	[əˌpendɪ'saɪtɪs]
galblaasontsteking (de)	cholecystitis	[ˌkɒlɪsɪs'taɪtɪs]
zweer (de)	ulcer	['ʌlsə(r)]

mazelen (mv.)	measles	['miːzəlz]
rodehond (de)	German measles	['dʒɜːmən 'miːzəlz]
geelzucht (de)	jaundice	['dʒɔːndɪs]
leverontsteking (de)	hepatitis	[ˌhepə'taɪtɪs]

schizofrenie (de)	schizophrenia	[ˌskɪtsə'friːnɪə]
dolheid (de)	rabies	['reɪbiːz]
neurose (de)	neurosis	[ˌnjʊə'rəʊsɪs]
hersenschudding (de)	concussion	[kən'kʌʃən]

kanker (de)	cancer	['kænsə(r)]
sclerose (de)	sclerosis	[sklə'rəʊsɪs]
multiple sclerose (de)	multiple sclerosis	['mʌltɪpəl sklə'rəʊsɪs]
alcoholisme (het)	alcoholism	['ælkəhɒlɪzəm]

alcoholicus (de)	alcoholic	[ˌælkə'hɒlɪk]
syfilis (de)	syphilis	['sɪfɪlɪs]
AIDS (de)	AIDS	[eɪdz]

tumor (de)	tumour	['tju:mə(r)]
koorts (de)	fever	['fi:və(r)]
malaria (de)	malaria	[mə'leərɪə]
gangreen (het)	gangrene	['gæŋgri:n]
zeeziekte (de)	seasickness	['si:sɪknɪs]
epilepsie (de)	epilepsy	['epɪlepsɪ]

epidemie (de)	epidemic	[ˌepɪ'demɪk]
tyfus (de)	typhus	['taɪfəs]
tuberculose (de)	tuberculosis	[tjuːˌbɜːkjʊ'ləʊsɪs]
cholera (de)	cholera	['kɒlərə]
pest (de)	plague	[pleɪg]

64. Symptomen. Behandelingen. Deel 1

symptoom (het)	symptom	['sɪmptəm]
temperatuur (de)	temperature	['temprətʃə(r)]
verhoogde temperatuur (de)	high temperature	[haɪ 'temprətʃə(r)]
polsslag (de)	pulse	[pʌls]

duizeling (de)	giddiness	['gɪdɪnɪs]
heet (erg warm)	hot	[hɒt]
koude rillingen (mv.)	shivering	['ʃɪvərɪŋ]
bleek (bn)	pale	[peɪl]

hoest (de)	cough	[kɒf]
hoesten (ww)	to cough (vi)	[tə kɒf]
niezen (ww)	to sneeze (vi)	[tə sni:z]
flauwte (de)	faint	[feɪnt]
flauwvallen (ww)	to faint (vi)	[tə feɪnt]

blauwe plek (de)	bruise	[bru:z]
buil (de)	bump	[bʌmp]
zich stoten (ww)	to bang (vi)	[tə bæŋ]
kneuzing (de)	bruise	[bru:z]
kneuzen (gekneusd zijn)	to get a bruise	[tə get ə bru:z]

hinken (ww)	to limp (vi)	[tə lɪmp]
verstuiking (de)	dislocation	[ˌdɪslə'keɪʃən]
verstuiken (enkel, enz.)	to dislocate (vt)	[tə 'dɪsləkeɪt]
breuk (de)	fracture	['fræktʃə(r)]
een breuk oplopen	to have a fracture	[tə hæv ə 'fræktʃə(r)]

snijwond (de)	cut	[kʌt]
zich snijden (ww)	to cut oneself	[tə kʌt wʌn'self]
bloeding (de)	bleeding	['bli:dɪŋ]

brandwond (de)	burn	[bɜ:n]
zich branden (ww)	to get burned	[tə get 'bɜ:nd]
prikken (ww)	to prick (vt)	[tə prɪk]

zich prikken (ww)	to prick oneself	[tə prɪk wʌn'self]
blesseren (ww)	to injure (vt)	[tə 'ɪndʒə(r)]
blessure (letsel)	injury	['ɪndʒərɪ]
wond (de)	wound	[wuːnd]
trauma (het)	trauma	['trɔːmə]

IJlen (ww)	to be delirious	[tə bi dɪ'lɪrɪəs]
stotteren (ww)	to stutter (vi)	[tə 'stʌtə(r)]
zonnesteek (de)	sunstroke	['sʌnstrəʊk]

65. Symptomen. Behandelingen. Deel 2

| pijn (de) | pain | [peɪn] |
| splinter (de) | splinter | ['splɪntə(r)] |

zweet (het)	sweat	[swet]
zweten (ww)	to sweat (vi)	[tə swet]
braking (de)	vomiting	['vɒmɪtɪŋ]
stuiptrekkingen (mv.)	convulsions	[kən'vʌlʃənz]

zwanger (bn)	pregnant	['pregnənt]
geboren worden (ww)	to be born	[tə bi bɔːn]
geboorte (de)	delivery, labour	[dɪ'lɪvərɪ], ['leɪbə(r)]
baren (ww)	to deliver (vt)	[tə dɪ'lɪvə(r)]
abortus (de)	abortion	[ə'bɔːʃən]

ademhaling (de)	breathing, respiration	['briːðɪŋ], [,respə'reɪʃən]
inademing (de)	inhalation	[,ɪnhə'leɪʃən]
uitademing (de)	exhalation	[,eksə'leɪʃən]
uitademen (ww)	to exhale (vi)	[tə eks'heɪl]
inademen (ww)	to inhale (vi)	[tə ɪn'heɪl]

invalide (de)	disabled person	[dɪs'eɪbəld 'pɜːsən]
gehandicapte (de)	cripple	['krɪpəl]
drugsverslaafde (de)	drug addict	['drʌg,ædɪkt]

doof (bn)	deaf	[def]
stom (bn)	dumb	[dʌm]
doofstom (bn)	deaf-and-dumb	[,def ənd 'dʌm]

krankzinnig (bn)	mad, insane	[mæd], [ɪn'seɪn]
krankzinnige (man)	madman	['mædmən]
krankzinnige (vrouw)	madwoman	['mæd,wʊmən]
krankzinnig worden	to go insane	[tə gəʊ ɪn'seɪn]

gen (het)	gene	[dʒiːn]
immuniteit (de)	immunity	[ɪ'mjuːnətɪ]
erfelijk (bn)	hereditary	[hɪ'redɪtərɪ]
aangeboren (bn)	congenital	[kən'dʒenɪtəl]

virus (het)	virus	['vaɪrəs]
microbe (de)	microbe	['maɪkrəʊb]
bacterie (de)	bacterium	[bæk'tɪərɪəm]
infectie (de)	infection	[ɪn'fekʃən]

66. Symptomen. Behandelingen. Deel 3

| ziekenhuis (het) | hospital | ['hɒspɪtəl] |
| patiënt (de) | patient | ['peɪʃənt] |

diagnose (de)	diagnosis	[ˌdaɪəg'nəʊsɪs]
genezing (de)	cure	[kjʊə]
medische behandeling (de)	treatment	['triːtmənt]
onder behandeling zijn	to get treatment	[tə get 'triːtmənt]
behandelen (ww)	to treat (vt)	[tə triːt]
zorgen (zieken ~)	to nurse (vt)	[tə nɜːs]
ziekenzorg (de)	care	[keə(r)]

operatie (de)	operation, surgery	[ˌɒpə'reɪʃən], ['sɜːdʒərɪ]
verbinden (een arm ~)	to bandage (vt)	[tə 'bændɪdʒ]
verband (het)	bandaging	['bændɪdʒɪŋ]

vaccin (het)	vaccination	[ˌvæksɪ'neɪʃən]
inenten (vaccineren)	to vaccinate (vt)	[tə 'væksɪneɪt]
injectie (de)	injection, shot	[ɪn'dʒekʃən], [ʃɒt]
een injectie geven	to give an injection	[təˌgɪv ən ɪn'dʒekʃən]

aanval (de)	attack	[ə'tæk]
amputatie (de)	amputation	[ˌæmpjʊ'teɪʃən]
amputeren (ww)	to amputate (vt)	[tə 'æmpjuteɪt]
coma (het)	coma	['kəʊmə]
in coma liggen	to be in a coma	[tə bi ɪn ə 'kəʊmə]
intensieve zorg, ICU (de)	intensive care	[ɪn'tensɪv ˌkeə(r)]

zich herstellen (ww)	to recover (vi)	[tə rɪ'kʌvə(r)]
toestand (de)	state	[steɪt]
bewustzijn (het)	consciousness	['kɒnʃəsnɪs]
geheugen (het)	memory	['memərɪ]

trekken (een kies ~)	to pull out	[tə ˌpʊl 'aʊt]
vulling (de)	filling	['fɪlɪŋ]
vullen (ww)	to fill (vt)	[tə fɪl]

| hypnose (de) | hypnosis | [hɪp'nəʊsɪs] |
| hypnotiseren (ww) | to hypnotize (vt) | [tə 'hɪpnətaɪz] |

67. Geneeskunde. Medicijnen. Accessoires

geneesmiddel (het)	medicine, drug	['medsɪn], [drʌg]
middel (het)	remedy	['remədɪ]
voorschrijven (ww)	to prescribe (vt)	[tə prɪ'skraɪb]
recept (het)	prescription	[prɪ'skrɪpʃən]

tablet (de/het)	tablet, pill	['tæblɪt], [pɪl]
zalf (de)	ointment	['ɔɪntmənt]
ampul (de)	ampoule	['æmpuːl]
drank (de)	mixture	['mɪkstʃə(r)]
siroop (de)	syrup	['sɪrəp]

T&P Books. Thematische woordenschat Nederlands-Brits-Engels - 3000 woorden

| pil (de) | pill | [pɪl] |
| poeder (de/het) | powder | ['paʊdə(r)] |

verband (het)	bandage	['bændɪdʒ]
watten (mv.)	cotton wool	['kɒtən ˌwʊl]
jodium (het)	iodine	['aɪədiːn]

pleister (de)	plaster	['plɑːstə(r)]
pipet (de)	eyedropper	[aɪ 'drɒpə(r)]
thermometer (de)	thermometer	[θə'mɒmɪtə(r)]
spuit (de)	syringe	[sɪ'rɪndʒ]

| rolstoel (de) | wheelchair | ['wiːlˌtʃeə(r)] |
| krukken (mv.) | crutches | [krʌtʃɪz] |

pijnstiller (de)	painkiller	['peɪnˌkɪlə(r)]
laxeermiddel (het)	laxative	['læksətɪv]
spiritus (de)	spirit, ethanol	['spɪrɪt], ['eθənɒl]
medicinale kruiden (mv.)	medicinal herbs	[mə'dɪsɪnəl hɜːbz]
kruiden- (abn)	herbal	['hɜːbəl]

APPARTEMENT

68. Appartement

appartement (het)	flat	[flæt]
kamer (de)	room	[rʊ:m]
slaapkamer (de)	bedroom	['bedrʊm]
eetkamer (de)	dining room	['daɪnɪŋ rʊm]
salon (de)	living room	['lɪvɪŋ ru:m]
studeerkamer (de)	study	['stʌdɪ]
gang (de)	entry room	['entrɪ ru:m]
badkamer (de)	bathroom	['bɑ:θrʊm]
toilet (het)	water closet	['wɔ:tə 'klɒzɪt]
plafond (het)	ceiling	['si:lɪŋ]
vloer (de)	floor	[flɔ:(r)]
hoek (de)	corner	['kɔ:nə(r)]

69. Meubels. Interieur

meubels (mv.)	furniture	['fɜ:nɪtʃə(r)]
tafel (de)	table	['teɪbəl]
stoel (de)	chair	[tʃeə(r)]
bed (het)	bed	[bed]
bankstel (het)	sofa, settee	['səʊfə], [se'ti:]
fauteuil (de)	armchair	['ɑ:mtʃeə(r)]
boekenkast (de)	bookcase	['bʊkkeɪs]
boekenrek (het)	shelf	[ʃelf]
stellingkast (de)	set of shelves	[set əv ʃelvz]
kledingkast (de)	wardrobe	['wɔ:drəʊb]
kapstok (de)	coat rack	['kəʊt ˌræk]
staande kapstok (de)	coat stand	['kəʊt stænd]
commode (de)	chest of drawers	[ˌtʃest əv 'drɔ:z]
salontafeltje (het)	coffee table	['kɒfɪ 'teɪbəl]
spiegel (de)	mirror	['mɪrə(r)]
tapijt (het)	carpet	['kɑ:pɪt]
tapijtje (het)	small carpet	[smɔ:l 'kɑ:pɪt]
haard (de)	fireplace	['faɪəpleɪs]
kaars (de)	candle	['kændəl]
kandelaar (de)	candlestick	['kændəlstɪk]
gordijnen (mv.)	drapes	[dreɪps]
behang (het)	wallpaper	['wɔ:lˌpeɪpə(r)]

jaloezie (de)	blinds	[blaɪndz]
bureaulamp (de)	table lamp	['teɪbəl læmp]
staande lamp (de)	standard lamp	['stændəd læmp]
luchter (de)	chandelier	[ˌʃændə'lɪə(r)]

poot (ov. een tafel, enz.)	leg	[leg]
armleuning (de)	armrest	['ɑːmrest]
rugleuning (de)	back	[bæk]
la (de)	drawer	[drɔː(r)]

70. Beddengoed

beddengoed (het)	bedclothes	['bedkləʊðz]
kussen (het)	pillow	['pɪləʊ]
kussenovertrek (de)	pillowslip	['pɪləʊslɪp]
deken (de)	blanket	['blæŋkɪt]
laken (het)	sheet	[ʃiːt]
sprei (de)	bedspread	['bedspred]

71. Keuken

keuken (de)	kitchen	['kɪtʃɪn]
gas (het)	gas	[gæs]
gasfornuis (het)	gas stove	['gæs stəʊv]
elektrisch fornuis (het)	electric stove	[ɪ'lektrɪk stəʊv]
oven (de)	oven	['ʌvən]
magnetronoven (de)	microwave oven	['maɪkrəweɪv 'ʌvən]

koelkast (de)	refrigerator	[rɪ'frɪdʒəreɪtə(r)]
diepvriezer (de)	freezer	['friːzə(r)]
vaatwasmachine (de)	dishwasher	['dɪʃˌwɒʃə(r)]

vleesmolen (de)	mincer	['mɪnsə(r)]
vruchtenpers (de)	juicer	['dʒuːsə]
toaster (de)	toaster	['təʊstə(r)]
mixer (de)	mixer	['mɪksə(r)]

koffiemachine (de)	coffee maker	['kɒfɪ 'meɪkə(r)]
koffiepot (de)	coffee pot	['kɒfɪ pɒt]
koffiemolen (de)	coffee grinder	['kɒfɪ 'graɪndə(r)]

fluitketel (de)	kettle	['ketəl]
theepot (de)	teapot	['tiːpɒt]
deksel (de/het)	lid	[lɪd]
theezeefje (het)	tea strainer	[tiː 'streɪnə(r)]

lepel (de)	spoon	[spuːn]
theelepeltje (het)	teaspoon	['tiːspuːn]
eetlepel (de)	tablespoon	['teɪbəlspuːn]
vork (de)	fork	[fɔːk]
mes (het)	knife	[naɪf]
vaatwerk (het)	tableware	['teɪbəlweə(r)]

| bord (het) | plate | [pleɪt] |
| schoteltje (het) | saucer | [ˈsɔːsə(r)] |

likeurglas (het)	shot glass	[ʃɒt glɑːs]
glas (het)	glass	[glɑːs]
kopje (het)	cup	[kʌp]

suikerpot (de)	sugar bowl	[ˈʃʊgə ˌbəʊl]
zoutvat (het)	salt shaker	[sɒlt ˈʃeɪkə]
pepervat (het)	pepper shaker	[ˈpepə ˈʃeɪkə]
boterschaaltje (het)	butter dish	[ˈbʌtə dɪʃ]

steelpan (de)	saucepan	[ˈsɔːspən]
bakpan (de)	frying pan	[ˈfraɪɪŋ pæn]
pollepel (de)	ladle	[ˈleɪdəl]
vergiet (de/het)	colander	[ˈkʌləndə(r)]
dienblad (het)	tray	[treɪ]

fles (de)	bottle	[ˈbɒtəl]
glazen pot (de)	jar	[dʒɑː(r)]
blik (conserven~)	tin	[tɪn]

flesopener (de)	bottle opener	[ˈbɒtəl ˈəʊpənə(r)]
blikopener (de)	tin opener	[tɪn ˈəʊpənə(r)]
kurkentrekker (de)	corkscrew	[ˈkɔːkskruː]
filter (de/het)	filter	[ˈfɪltə(r)]
filteren (ww)	to filter (vt)	[tə ˈfɪltə(r)]

| huisvuil (het) | rubbish | [ˈrʌbɪʃ] |
| vuilnisemmer (de) | rubbish bin | [ˈrʌbɪʃ bɪn] |

72. Badkamer

badkamer (de)	bathroom	[ˈbɑːθrʊm]
water (het)	water	[ˈwɔːtə(r)]
kraan (de)	tap	[tæp]
warm water (het)	hot water	[hɒt ˈwɔːtə(r)]
koud water (het)	cold water	[ˌkəʊld ˈwɔːtə(r)]

| tandpasta (de) | toothpaste | [ˈtuːθpeɪst] |
| tanden poetsen (ww) | to clean one's teeth | [tə kliːn wʌns ˈtiːθ] |

zich scheren (ww)	to shave (vi)	[tə ʃeɪv]
scheercrème (de)	shaving foam	[ˈʃeɪvɪŋ fəʊm]
scheermes (het)	razor	[ˈreɪzə(r)]

wassen (ww)	to wash (vt)	[tə wɒʃ]
een bad nemen	to have a bath	[tə hæv ə bɑːθ]
douche (de)	shower	[ˈʃaʊə(r)]
een douche nemen	to have a shower	[tə hæv ə ˈʃaʊə(r)]

bad (het)	bath	[bɑːθ]
toiletpot (de)	toilet	[ˈtɔɪlɪt]
wastafel (de)	sink, washbasin	[sɪŋk], [ˈwɒʃˌbeɪsən]

| zeep (de) | soap | [səup] |
| zeepbakje (het) | soap dish | ['səupdıʃ] |

spons (de)	sponge	[spʌndʒ]
shampoo (de)	shampoo	[ʃæm'pu:]
handdoek (de)	towel	['tauəl]
badjas (de)	bathrobe	['bɑːθrəub]

was (bijv. handwas)	laundry	['lɔːndrı]
wasmachine (de)	washing machine	['wɒʃıŋ məˈʃiːn]
de was doen	to do the laundry	[tə duː ðə 'lɔːndrı]
waspoeder (de)	washing powder	['wɒʃıŋ 'paudə(r)]

73. Huishoudelijke apparaten

televisie (de)	TV, telly	[ˌtiː'viː], ['telı]
cassettespeler (de)	tape recorder	[teıp rı'kɔːdə(r)]
videorecorder (de)	video	['vıdıəu]
radio (de)	radio	['reıdıəu]
speler (de)	player	['pleıə(r)]

videoprojector (de)	video projector	['vıdıəu prə'dʒektə(r)]
home theater systeem (het)	home cinema	[həum 'sınəmə]
DVD-speler (de)	DVD player	[ˌdiːviː'diː 'pleıə(r)]
versterker (de)	amplifier	['æmplıfaıə]
spelconsole (de)	video game console	['vıdıəu geım 'kɒnsəul]

videocamera (de)	video camera	['vıdıəu 'kæmərə]
fotocamera (de)	camera	['kæmərə]
digitale camera (de)	digital camera	['dıdʒıtəl 'kæmərə]

stofzuiger (de)	vacuum cleaner	['vækjuəm 'kliːnə(r)]
strijkijzer (het)	iron	['aıən]
strijkplank (de)	ironing board	['aırənıŋ bɔːd]

telefoon (de)	telephone	['telıfəun]
mobieltje (het)	mobile phone	['məubaıl fəun]
schrijfmachine (de)	typewriter	['taıpˌraıtə(r)]
naaimachine (de)	sewing machine	['səuıŋ məˈʃiːn]

microfoon (de)	microphone	['maıkrəfəun]
koptelefoon (de)	headphones	['hedfəunz]
afstandsbediening (de)	remote control	[rı'məut kən'trəul]

CD (de)	CD, compact disc	[ˌsiː'diː], [kəm'pækt dısk]
cassette (de)	cassette	[kæ'set]
vinylplaat (de)	vinyl record	['vaınıl 'rekɔːd]

DE AARDE. WEER

74. De kosmische ruimte

kosmos (de)	cosmos	['kɒzmɒs]
kosmisch (bn)	space	[speɪs]
kosmische ruimte (de)	outer space	['aʊtə speɪs]
sterrenstelsel (het)	galaxy	['gæləksɪ]
ster (de)	star	[stɑː(r)]
sterrenbeeld (het)	constellation	[ˌkɒnstə'leɪʃən]
planeet (de)	planet	['plænɪt]
satelliet (de)	satellite	['sætəlaɪt]
meteoriet (de)	meteorite	['miːtjəraɪt]
komeet (de)	comet	['kɒmɪt]
asteroïde (de)	asteroid	['æstərɔɪd]
baan (de)	orbit	['ɔːbɪt]
draaien (om de zon, enz.)	to rotate (vi)	[tə rəʊ'teɪt]
atmosfeer (de)	atmosphere	['ætməˌsfɪə(r)]
Zon (de)	the Sun	[sʌn]
zonnestelsel (het)	solar system	['səʊlə 'sɪstəm]
zonsverduistering (de)	solar eclipse	['səʊlə ɪ'klɪps]
Aarde (de)	the Earth	[ðɪ ɜːθ]
Maan (de)	the Moon	[ðə muːn]
Mars (de)	Mars	[mɑːz]
Venus (de)	Venus	['viːnəs]
Jupiter (de)	Jupiter	['dʒuːpɪtə(r)]
Saturnus (de)	Saturn	['sætən]
Mercurius (de)	Mercury	['mɜːkjʊrɪ]
Uranus (de)	Uranus	['jʊərənəs]
Neptunus (de)	Neptune	['neptjuːn]
Pluto (de)	Pluto	['pluːtəʊ]
Melkweg (de)	Milky Way	['mɪlkɪ weɪ]
Grote Beer (de)	Great Bear	[greɪt 'beə(r)]
Poolster (de)	North Star	[nɔːθ stɑː(r)]
marsmannetje (het)	Martian	['mɑːʃən]
buitenaards wezen (het)	extraterrestrial	[ˌekstrətə'restrɪəl]
bovenaards (het)	alien	['eɪljən]
vliegende schotel (de)	flying saucer	['flaɪɪŋ 'sɔːsə(r)]
ruimtevaartuig (het)	spaceship	['speɪsʃɪp]
ruimtestation (het)	space station	[speɪs 'steɪʃən]

start (de)	blast-off	[blɑːst ɒf]
motor (de)	engine	['endʒɪn]
straalpijp (de)	nozzle	['nɒzəl]
brandstof (de)	fuel	[fjʊəl]

cabine (de)	cockpit	['kɒkpɪt]
antenne (de)	aerial	['eərɪəl]
patrijspoort (de)	porthole	['pɔːthəʊl]
zonnebatterij (de)	solar battery	['səʊlə 'bætərɪ]
ruimtepak (het)	spacesuit	['speɪssuːt]

| gewichtloosheid (de) | weightlessness | ['weɪtlɪsnɪs] |
| zuurstof (de) | oxygen | ['ɒksɪdʒən] |

| koppeling (de) | docking | ['dɒkɪŋ] |
| koppeling maken | to dock (vi, vt) | [tə dɒk] |

observatorium (het)	observatory	[əb'zɜːvətrɪ]
telescoop (de)	telescope	['telɪskəʊp]
waarnemen (ww)	to observe (vt)	[tə əb'zɜːv]
exploreren (ww)	to explore (vt)	[tə ɪk'splɔː(r)]

75. De Aarde

Aarde (de)	the Earth	[ðɪ ɜːθ]
aardbol (de)	globe	[gləʊb]
planeet (de)	planet	['plænɪt]

atmosfeer (de)	atmosphere	['ætməˌsfɪə(r)]
aardrijkskunde (de)	geography	[dʒɪ'ɒgrəfɪ]
natuur (de)	nature	['neɪtʃə(r)]

wereldbol (de)	globe	[gləʊb]
kaart (de)	map	[mæp]
atlas (de)	atlas	['ætləs]

Europa (het)	Europe	['jʊərəp]
Azië (het)	Asia	['eɪʒə]
Afrika (het)	Africa	['æfrɪkə]
Australië (het)	Australia	[ɒ'streɪljə]

Amerika (het)	America	[ə'merɪkə]
Noord-Amerika (het)	North America	[nɔːθ ə'merɪkə]
Zuid-Amerika (het)	South America	[saʊθ ə'merɪkə]

| Antarctica (het) | Antarctica | [ænt'ɑːktɪkə] |
| Arctis (de) | the Arctic | [ðə 'ɑːktɪk] |

76. Windrichtingen

| noorden (het) | north | [nɔːθ] |
| naar het noorden | to the north | [tə ðə nɔːθ] |

| in het noorden | in the north | [ɪn ðə nɔ:θ] |
| noordelijk (bn) | northern | ['nɔ:ðən] |

zuiden (het)	south	[saʊθ]
naar het zuiden	to the south	[tə ðə saʊθ]
in het zuiden	in the south	[ɪn ðə saʊθ]
zuidelijk (bn)	southern	['sʌðən]

westen (het)	west	[west]
naar het westen	to the west	[tə ðə west]
in het westen	in the west	[ɪn ðə west]
westelijk (bn)	western	['westən]

oosten (het)	east	[i:st]
naar het oosten	to the east	[tə ðɪ i:st]
in het oosten	in the east	[ɪn ðɪ i:st]
oostelijk (bn)	eastern	['i:stən]

77. Zee. Oceaan

zee (de)	sea	[si:]
oceaan (de)	ocean	['əʊʃən]
golf (baai)	gulf	[gʌlf]
straat (de)	straits	[streɪts]

grond (vaste grond)	solid ground	['sɒlɪd graʊnd]
continent (het)	continent	['kɒntɪnənt]
eiland (het)	island	['aɪlənd]
schiereiland (het)	peninsula	[pə'nɪnsjʊlə]
archipel (de)	archipelago	[ˌɑ:kɪ'pelɪgəʊ]

baai, bocht (de)	bay	[beɪ]
haven (de)	harbour	['hɑ:bə(r)]
lagune (de)	lagoon	[lə'gu:n]
kaap (de)	cape	[keɪp]

atol (de)	atoll	['ætɒl]
rif (het)	reef	[ri:f]
koraal (het)	coral	['kɒrəl]
koraalrif (het)	coral reef	['kɒrəl ri:f]

diep (bn)	deep	[di:p]
diepte (de)	depth	[depθ]
diepzee (de)	abyss	[ə'bɪs]
trog (bijv. Marianentrog)	trench	[trentʃ]

| stroming (de) | current | ['kʌrənt] |
| omspoelen (ww) | to surround (vt) | [tə sə'raʊnd] |

| oever (de) | shore | [ʃɔ:(r)] |
| kust (de) | coast | [kəʊst] |

| vloed (de) | high tide | [haɪ taɪd] |
| eb (de) | low tide | [ləʊ taɪd] |

| ondiepte (ondiep water) | sandbank | ['sændbæŋk] |
| bodem (de) | bottom | ['bɒtəm] |

golf (hoge ~)	wave	[weɪv]
golfkam (de)	crest	[krest]
schuim (het)	froth	[frɒθ]

storm (de)	storm	[stɔːm]
orkaan (de)	hurricane	['hʌrɪkən]
tsunami (de)	tsunami	[tsuː'nɑːmɪ]
windstilte (de)	calm	[kɑːm]
kalm (bijv. ~e zee)	quiet, calm	['kwaɪət], [kɑːm]

| pool (de) | pole | [pəʊl] |
| polair (bn) | polar | ['pəʊlə(r)] |

breedtegraad (de)	latitude	['lætɪtjuːd]
lengtegraad (de)	longitude	['lɒndʒɪtjuːd]
parallel (de)	parallel	['pærəlel]
evenaar (de)	equator	[ɪ'kweɪtə(r)]

hemel (de)	sky	[skaɪ]
horizon (de)	horizon	[hə'raɪzən]
lucht (de)	air	[eə]

vuurtoren (de)	lighthouse	['laɪthaʊs]
duiken (ww)	to dive (vi)	[tə daɪv]
zinken (ov. een boot)	to sink (vi)	[tə sɪŋk]
schatten (mv.)	treasures	['treʒəz]

78. Namen van zeeén en oceanen

Atlantische Oceaan (de)	Atlantic Ocean	[ət'læntɪk 'əʊʃən]
Indische Oceaan (de)	Indian Ocean	['ɪndɪən 'əʊʃən]
Stille Oceaan (de)	Pacific Ocean	[pə'sɪfɪk 'əʊʃən]
Noordelijke IJszee (de)	Arctic Ocean	['ɑrktɪk 'əʊʃən]

Zwarte Zee (de)	Black Sea	[blæk siː]
Rode Zee (de)	Red Sea	[red siː]
Gele Zee (de)	Yellow Sea	[ˌjeləʊ 'siː]
Witte Zee (de)	White Sea	[waɪt siː]

Kaspische Zee (de)	Caspian Sea	['kæspɪən siː]
Dode Zee (de)	Dead Sea	[ˌded 'siː]
Middellandse Zee (de)	Mediterranean Sea	[ˌmedɪtə'reɪnɪən siː]

| Egeïsche Zee (de) | Aegean Sea | [iː'dʒiːən siː] |
| Adriatische Zee (de) | Adriatic Sea | [ˌeɪdrɪ'ætɪk siː] |

Arabische Zee (de)	Arabian Sea	[ə'reɪbɪən siː]
Japanse Zee (de)	Sea of Japan	['siː əv dʒə'pæn]
Beringzee (de)	Bering Sea	['berɪŋ siː]
Zuid-Chinese Zee (de)	South China Sea	[saʊθ 'tʃaɪnə siː]
Koraalzee (de)	Coral Sea	['kɒrəl siː]

| Tasmanzee (de) | Tasman Sea | ['tæzmən si:] |
| Caribische Zee (de) | Caribbean Sea | ['kæ'rıbıən si:] |

| Barentszzee (de) | Barents Sea | ['bærənts si:] |
| Karische Zee (de) | Kara Sea | ['kɑ:rə si:] |

Noordzee (de)	North Sea	[nɔ:θ si:]
Baltische Zee (de)	Baltic Sea	['bɔ:ltık si:]
Noorse Zee (de)	Norwegian Sea	[nɔ:'wi:dʒən si:]

79. Bergen

berg (de)	mountain	['mauntın]
bergketen (de)	mountain range	['mauntın reındʒ]
gebergte (het)	mountain ridge	['mauntın rıdʒ]

bergtop (de)	summit, top	['sʌmıt], [tɒp]
bergpiek (de)	peak	[pi:k]
voet (ov. de berg)	foot	[fut]
helling (de)	slope	[sləup]

vulkaan (de)	volcano	[vɒl'kenəu]
actieve vulkaan (de)	active volcano	['æktıv vɒl'kenəu]
uitgedoofde vulkaan (de)	dormant volcano	['dɔ:mənt vɒl'kenəu]

uitbarsting (de)	eruption	[ı'rʌpʃən]
krater (de)	crater	['kreıtə(r)]
magma (het)	magma	['mægmə]
lava (de)	lava	['lɑ:və]
gloeiend (~e lava)	molten	['məultən]

kloof (canyon)	canyon	['kænjən]
bergkloof (de)	gorge	[gɔ:dʒ]
spleet (de)	crevice	['krevıs]
afgrond (de)	abyss	[ə'bıs]

bergpas (de)	pass, col	[pɑ:s], [kɒl]
plateau (het)	plateau	['plætəu]
klip (de)	cliff	[klıf]
heuvel (de)	hill	[hıl]

gletsjer (de)	glacier	['glæsjə(r)]
waterval (de)	waterfall	['wɔ:təfɔ:l]
geiser (de)	geyser	['gi:zə(r)]
meer (het)	lake	[leık]

vlakte (de)	plain	[pleın]
landschap (het)	landscape	['lændskeıp]
echo (de)	echo	['ekəu]

alpinist (de)	alpinist	['ælpınıst]
bergbeklimmer (de)	rock climber	[rɒk 'klaımə(r)]
trotseren (berg ~)	conquer (vt)	['kɒŋkə(r)]
beklimming (de)	climb	[klaım]

80. Bergen namen

Alpen (de)	Alps	[ælps]
Mont Blanc (de)	Mont Blanc	[ˌmɔ̃ˈblɑ̃]
Pyreneeën (de)	Pyrenees	[ˌpɪrəˈniːz]
Karpaten (de)	Carpathians	[kɑːˈpeɪθɪənz]
Oeralgebergte (het)	Ural Mountains	[ˈjʊərəl ˈmaʊntɪnz]
Kaukasus (de)	Caucasus	[ˈkɔːkəsəs]
Elbroes (de)	Elbrus	[ˌelbəˈruːs]
Altaj (de)	Altai	[ɑːlˈtaɪ]
Tiensjan (de)	Tien Shan	[tjɛnˈʃaːn]
Pamir (de)	Pamir Mountains	[pəˈmɪə ˈmaʊntɪnz]
Himalaya (de)	Himalayas	[ˌhɪməˈleɪəz]
Everest (de)	Everest	[ˈevərɪst]
Andes (de)	Andes	[ˈændiːz]
Kilimanjaro (de)	Kilimanjaro	[ˌkɪlɪmənˈdʒɑːrəʊ]

81. Rivieren

rivier (de)	river	[ˈrɪvə(r)]
bron (~ van een rivier)	spring	[sprɪŋ]
riverbedding (de)	riverbed	[ˈrɪvəbed]
rivierbekken (het)	basin	[ˈbeɪsən]
uitmonden in …	to flow into …	[tə fləʊ ˈɪntʊ]
zijrivier (de)	tributary	[ˈtrɪbjʊtrɪ]
oever (de)	bank	[bæŋk]
stroming (de)	current, stream	[ˈkʌrənt], [striːm]
stroomafwaarts (bw)	downstream	[ˈdaʊnˌstriːm]
stroomopwaarts (bw)	upstream	[ˌʌpˈstriːm]
overstroming (de)	inundation	[ˌɪnʌnˈdeɪʃən]
overstroming (de)	flooding	[ˈflʌdɪŋ]
buiten zijn oevers treden	to overflow (vi)	[tə ˌəʊvəˈfləʊ]
overstromen (ww)	to flood (vt)	[tə flʌd]
zandbank (de)	shallows	[ˈʃæləʊz]
stroomversnelling (de)	rapids	[ˈræpɪdz]
dam (de)	dam	[dæm]
kanaal (het)	canal	[kəˈnæl]
spaarbekken (het)	artificial lake	[ɑːtɪˈfɪʃəl leɪk]
sluis (de)	sluice, lock	[sluːs], [lɒk]
waterlichaam (het)	water body	[ˈwɔːtə ˈbɒdɪ]
moeras (het)	swamp, bog	[swɒmp], [bɒg]
broek (het)	marsh	[mɑːʃ]
draaikolk (de)	whirlpool	[ˈwɜːlpuːl]
stroom (de)	stream	[striːm]

81

drink- (abn)	drinking	['drɪŋkɪŋ]
zoet (~ water)	fresh	[freʃ]
IJs (het)	ice	[aɪs]
bevriezen (rivier, enz.)	to freeze over	[tə friːz 'əʊvə(r)]

82. Namen van rivieren

Seine (de)	Seine	[seɪn]
Loire (de)	Loire	[lwɑːr]
Theems (de)	Thames	[temz]
Rijn (de)	Rhine	[raɪn]
Donau (de)	Danube	['dænjuːb]
Wolga (de)	Volga	['vɒlgə]
Don (de)	Don	[dɒn]
Lena (de)	Lena	['leɪnə]
Gele Rivier (de)	Yellow River	[ˌjeləʊ 'rɪvə(r)]
Blauwe Rivier (de)	Yangtze	['jæntsɪ]
Mekong (de)	Mekong	['miːkɒŋ]
Ganges (de)	Ganges	['gændʒiːz]
Nijl (de)	Nile	[naɪl]
Kongo (de)	Congo	['kɒŋgəʊ]
Okavango (de)	Okavango	[ˌɔkə'væŋgəʊ]
Zambezi (de)	Zambezi	[zæm'biːzɪ]
Limpopo (de)	Limpopo	[lɪm'pəʊpəʊ]

83. Bos

bos (het)	forest	['fɒrɪst]
bos- (abn)	forest	['fɒrɪst]
oerwoud (dicht bos)	thick forest	[θɪk 'fɒrɪst]
bosje (klein bos)	grove	[grəʊv]
open plek (de)	clearing	['klɪərɪŋ]
struikgewas (het)	thicket	['θɪkɪt]
struiken (mv.)	scrubland	['skrʌblænd]
paadje (het)	footpath	['fʊtpɑːθ]
ravijn (het)	gully	['gʌlɪ]
boom (de)	tree	[triː]
blad (het)	leaf	[liːf]
gebladerte (het)	leaves	[liːvz]
vallende bladeren (mv.)	fall of leaves	[fɔːl əv liːvz]
vallen (ov. de bladeren)	to fall (vi)	[tə fɔːl]
boomtop (de)	top	[tɒp]

tak (de)	branch	[brɑːntʃ]
ent (de)	bough	[baʊ]
knop (de)	bud	[bʌd]
naald (de)	needle	['niːdəl]
dennenappel (de)	fir cone	[fɜː kəʊn]

boom holte (de)	hollow	['hɒləʊ]
nest (het)	nest	[nest]
hol (het)	burrow, animal hole	['bʌrəʊ], ['ænɪməl həʊl]

stam (de)	trunk	[trʌŋk]
wortel (bijv. boom~s)	root	[ruːt]
schors (de)	bark	[bɑːk]
mos (het)	moss	[mɒs]

ontwortelen (een boom)	to uproot (vt)	[tə ˌʌpˈruːt]
kappen (een boom ~)	to chop down	[tə tʃɒp daʊn]
ontbossen (ww)	to deforest (vt)	[tə ˌdiːˈfɒrɪst]
stronk (de)	tree stump	[triː stʌmp]

kampvuur (het)	campfire	['kæmpˌfaɪə(r)]
bosbrand (de)	forest fire	['fɒrɪst 'faɪə(r)]
blussen (ww)	to extinguish (vt)	[tə ɪk'stɪŋgwɪʃ]

boswachter (de)	forest ranger	['fɒrɪst 'reɪndʒə]
bescherming (de)	protection	[prə'tekʃən]
beschermen (bijv. de natuur ~)	to protect (vt)	[tə prə'tekt]
stroper (de)	poacher	['pəʊtʃə(r)]
val (de)	trap	[træp]

| plukken (vruchten, enz.) | to gather, to pick (vt) | [tə 'gæðə(r)], [tə pɪk] |
| verdwalen (de weg kwijt zijn) | to lose one's way | [tə luːz wʌnz weɪ] |

84. Natuurlijke hulpbronnen

natuurlijke rijkdommen (mv.)	natural resources	['nætʃərəl rɪ'sɔːsɪz]
delfstoffen (mv.)	minerals	['mɪnərəlz]
lagen (mv.)	deposits	[dɪ'pɒzɪts]
veld (bijv. olie~)	field	[fiːld]

winnen (uit erts ~)	to mine (vt)	[tə maɪn]
winning (de)	mining	['maɪnɪŋ]
erts (het)	ore	[ɔː(r)]
mijn (bijv. kolenmijn)	mine	[maɪn]
mijnschacht (de)	mine shaft, pit	[maɪn ʃɑːft], [pɪt]
mijnwerker (de)	miner	['maɪnə(r)]

| gas (het) | gas | [gæs] |
| gasleiding (de) | gas pipeline | [gæs 'paɪplaɪn] |

olie (aardolie)	oil, petroleum	[ɔɪl], [pɪ'trəʊlɪəm]
olieleiding (de)	oil pipeline	[ɔɪl 'paɪplaɪn]
oliebron (de)	oil well	[ɔɪl wel]

boortoren (de)	**derrick**	[′derɪk]
tanker (de)	**tanker**	[′tæŋkə(r)]
zand (het)	**sand**	[sænd]
kalksteen (de)	**limestone**	[′laɪmstəʊn]
grind (het)	**gravel**	[′grævəl]
veen (het)	**peat**	[pi:t]
klei (de)	**clay**	[kleɪ]
steenkool (de)	**coal**	[kəʊl]
IJzer (het)	**iron**	[′aɪən]
goud (het)	**gold**	[gəʊld]
zilver (het)	**silver**	[′sɪlvə(r)]
nikkel (het)	**nickel**	[′nɪkəl]
koper (het)	**copper**	[′kɒpə(r)]
zink (het)	**zinc**	[zɪŋk]
mangaan (het)	**manganese**	[′mæŋgəni:z]
kwik (het)	**mercury**	[′mɜ:kjʊrɪ]
lood (het)	**lead**	[led]
mineraal (het)	**mineral**	[′mɪnərəl]
kristal (het)	**crystal**	[′krɪstəl]
marmer (het)	**marble**	[′mɑ:bəl]
uraan (het)	**uranium**	[jʊ′reɪnjəm]

85. Weer

weer (het)	**weather**	[′weðə(r)]
weersvoorspelling (de)	**weather forecast**	[′weðə ′fɔ:kɑ:st]
temperatuur (de)	**temperature**	[′temprətʃə(r)]
thermometer (de)	**thermometer**	[θə′mɒmɪtə(r)]
barometer (de)	**barometer**	[bə′rɒmɪtə(r)]
vochtig (bn)	**humid**	[′hju:mɪd]
vochtigheid (de)	**humidity**	[hju:′mɪdətɪ]
hitte (de)	**heat**	[hi:t]
heet (bn)	**hot**	[hɒt]
het is heet	**it's hot**	[ɪts hɒt]
het is warm	**it's warm**	[ɪts wɔ:m]
warm (bn)	**warm**	[wɔ:m]
het is koud	**it's cold**	[ɪts kəʊld]
koud (bn)	**cold**	[kəʊld]
zon (de)	**sun**	[sʌn]
schijnen (de zon)	**to shine** (vi)	[tə ʃaɪn]
zonnig (~e dag)	**sunny**	[′sʌnɪ]
opgaan (ov. de zon)	**to come up** (vi)	[tə kʌm ʌp]
ondergaan (ww)	**to set** (vi)	[tə set]
wolk (de)	**cloud**	[klaʊd]
bewolkt (bn)	**cloudy**	[′klaʊdɪ]

| regenwolk (de) | rain cloud | [reɪn klaʊd] |
| somber (bn) | sombre | [ˈsɒmbə(r)] |

regen (de)	rain	[reɪn]
het regent	it's raining	[ˌɪt ɪz ˈreɪnɪŋ]
regenachtig (bn)	rainy	[ˈreɪnɪ]
motregenen (ww)	to drizzle (vi)	[tə ˈdrɪzəl]

plensbui (de)	pouring rain	[ˈpɔːrɪŋ reɪn]
stortbui (de)	downpour	[ˈdaʊnpɔː(r)]
hard (bn)	heavy	[ˈhevɪ]
plas (de)	puddle	[ˈpʌdəl]
nat worden (ww)	to get wet	[tə get wet]

mist (de)	fog, mist	[fɒg], [mɪst]
mistig (bn)	foggy	[ˈfɒgɪ]
sneeuw (de)	snow	[snəʊ]
het sneeuwt	it's snowing	[ɪts snəʊɪŋ]

86. Zwaar weer. Natuurrampen

noodweer (storm)	thunderstorm	[ˈθʌndəstɔːm]
bliksem (de)	lightning	[ˈlaɪtnɪŋ]
flitsen (ww)	to flash (vi)	[tə flæʃ]

donder (de)	thunder	[ˈθʌndə(r)]
donderen (ww)	to thunder (vi)	[tə ˈθʌndə(r)]
het dondert	it's thundering	[ɪts ˈθʌndərɪŋ]

| hagel (de) | hail | [heɪl] |
| het hagelt | it's hailing | [ɪts heɪlɪŋ] |

| overstromen (ww) | to flood (vt) | [tə flʌd] |
| overstroming (de) | flood | [flʌd] |

aardbeving (de)	earthquake	[ˈɜːθkweɪk]
aardschok (de)	tremor, quake	[ˈtremə(r)], [kweɪk]
epicentrum (het)	epicentre	[ˈepɪsentə(r)]

| uitbarsting (de) | eruption | [ɪˈrʌpʃən] |
| lava (de) | lava | [ˈlɑːvə] |

| wervelwind (de) | twister | [ˈtwɪstə(r)] |
| tyfoon (de) | typhoon | [taɪˈfuːn] |

orkaan (de)	hurricane	[ˈhʌrɪkən]
storm (de)	storm	[stɔːm]
tsunami (de)	tsunami	[tsuːˈnɑːmɪ]

cycloon (de)	cyclone	[ˈsaɪkləʊn]
onweer (het)	bad weather	[bæd ˈweðə(r)]
brand (de)	fire	[ˈfaɪə(r)]
ramp (de)	disaster	[dɪˈzɑːstə(r)]
meteoriet (de)	meteorite	[ˈmiːtjəraɪt]

lawine (de)	avalanche	['ævəlɑːnʃ]
sneeuwverschuiving (de)	snowslide	['snəuslaɪd]
sneeuwjacht (de)	blizzard	['blɪzəd]
sneeuwstorm (de)	snowstorm	['snəustɔːm]

FAUNA

87. Zoogdieren. Roofdieren

roofdier (het)	**predator**	['predətə(r)]
tijger (de)	**tiger**	['taɪgə(r)]
leeuw (de)	**lion**	['laɪən]
wolf (de)	**wolf**	[wʊlf]
vos (de)	**fox**	[fɒks]
jaguar (de)	**jaguar**	['dʒægjʊə(r)]
luipaard (de)	**leopard**	['lepəd]
jachtluipaard (de)	**cheetah**	['tʃi:tə]
panter (de)	**black panther**	[blæk 'pænθə(r)]
poema (de)	**puma**	['pju:mə]
sneeuwluipaard (de)	**snow leopard**	[snəʊ 'lepəd]
lynx (de)	**lynx**	[lɪnks]
coyote (de)	**coyote**	[kɔɪ'əʊtɪ]
jakhals (de)	**jackal**	['dʒækəl]
hyena (de)	**hyena**	[haɪ'i:nə]

88. Wilde dieren

dier (het)	**animal**	['ænɪməl]
beest (het)	**beast**	[bi:st]
eekhoorn (de)	**squirrel**	['skwɪrəl]
egel (de)	**hedgehog**	['hedʒhɒg]
haas (de)	**hare**	[heə(r)]
konijn (het)	**rabbit**	['ræbɪt]
das (de)	**badger**	['bædʒə(r)]
wasbeer (de)	**raccoon**	[rə'ku:n]
hamster (de)	**hamster**	['hæmstə(r)]
marmot (de)	**marmot**	['mɑ:mət]
mol (de)	**mole**	[məʊl]
muis (de)	**mouse**	[maʊs]
rat (de)	**rat**	[ræt]
vleermuis (de)	**bat**	[bæt]
hermelijn (de)	**ermine**	['ɜ:mɪn]
sabeldier (het)	**sable**	['seɪbəl]
marter (de)	**marten**	['mɑ:tɪn]
wezel (de)	**weasel**	['wi:zəl]
nerts (de)	**mink**	[mɪŋk]

bever (de)	beaver	['biːvə(r)]
otter (de)	otter	['ɒtə(r)]
paard (het)	horse	[hɔːs]
eland (de)	moose	[muːs]
hert (het)	deer	[dɪə(r)]
kameel (de)	camel	['kæməl]
bizon (de)	bison	['baɪsən]
oeros (de)	aurochs	['ɔːrɒks]
buffel (de)	buffalo	['bʌfələʊ]
zebra (de)	zebra	['zebrə]
antilope (de)	antelope	['æntɪləʊp]
ree (de)	roe deer	[rəʊ dɪə(r)]
damhert (het)	fallow deer	['fæləʊ dɪə(r)]
gems (de)	chamois	['ʃæmwɑː]
everzwijn (het)	wild boar	[ˌwaɪld 'bɔː(r)]
walvis (de)	whale	[weɪl]
rob (de)	seal	[siːl]
walrus (de)	walrus	['wɔːlrəs]
zeehond (de)	fur seal	['fɜːˌsiːl]
dolfijn (de)	dolphin	['dɒlfɪn]
beer (de)	bear	[beə]
IJsbeer (de)	polar bear	['pəʊlə ˌbeə(r)]
panda (de)	panda	['pændə]
aap (de)	monkey	['mʌŋkɪ]
chimpansee (de)	chimpanzee	[ˌtʃɪmpæn'ziː]
orang-oetan (de)	orangutan	[ɒˌræŋuː'tæn]
gorilla (de)	gorilla	[gə'rɪlə]
makaak (de)	macaque	[mə'kɑːk]
gibbon (de)	gibbon	['gɪbən]
olifant (de)	elephant	['elɪfənt]
neushoorn (de)	rhinoceros	[raɪ'nɒsərəs]
giraffe (de)	giraffe	[dʒɪ'rɑːf]
nijlpaard (het)	hippopotamus	[ˌhɪpə'pɒtəməs]
kangoeroe (de)	kangaroo	[ˌkæŋgə'ruː]
koala (de)	koala	[kəʊ'ɑːlə]
mangoest (de)	mongoose	['mɒŋguːs]
chinchilla (de)	chinchilla	[ˌtʃɪn'tʃɪlə]
stinkdier (het)	skunk	[skʌŋk]
stekelvarken (het)	porcupine	['pɔːkjʊpaɪn]

89. Huisdieren

poes (de)	cat	[kæt]
kater (de)	tomcat	['tɒmkæt]
hond (de)	dog	[dɒg]

paard (het)	horse	[hɔːs]
hengst (de)	stallion	['stælɪən]
merrie (de)	mare	[meə(r)]

koe (de)	cow	[kaʊ]
stier (de)	bull	[bʊl]
os (de)	ox	[ɒks]

schaap (het)	sheep	[ʃiːp]
ram (de)	ram	[ræm]
geit (de)	goat	[gəʊt]
bok (de)	he-goat	['hiː-gəʊt]

| ezel (de) | donkey | ['dɒŋkɪ] |
| muilezel (de) | mule | [mjuːl] |

varken (het)	pig	[pɪg]
biggetje (het)	piglet	['pɪglɪt]
konijn (het)	rabbit	['ræbɪt]

| kip (de) | hen | [hen] |
| haan (de) | cock | [kɒk] |

eend (de)	duck	[dʌk]
woerd (de)	drake	[dreɪk]
gans (de)	goose	[guːs]

| kalkoen haan (de) | stag turkey | [stæg 'tɜːkɪ] |
| kalkoen (de) | turkey | ['tɜːkɪ] |

huisdieren (mv.)	domestic animals	[də'mestɪk 'ænɪməlz]
tam (bijv. hamster)	tame	[teɪm]
temmen (tam maken)	to tame (vt)	[tə teɪm]
fokken (bijv. paarden ~)	to breed (vt)	[tə briːd]

boerderij (de)	farm	[fɑːm]
gevogelte (het)	poultry	['pəʊltrɪ]
rundvee (het)	cattle	['kætəl]
kudde (de)	herd	[hɜːd]

paardenstal (de)	stable	['steɪbəl]
zwijnenstal (de)	pigsty	['pɪgstaɪ]
koeienstal (de)	cowshed	['kaʊʃed]
konijnenhok (het)	rabbit hutch	['ræbɪt ˌhʌtʃ]
kippenhok (het)	hen house	['hen ˌhaʊs]

90. Vogels

vogel (de)	bird	[bɜːd]
duif (de)	pigeon	['pɪdʒɪn]
mus (de)	sparrow	['spærəʊ]
koolmees (de)	tit	[tɪt]
ekster (de)	magpie	['mægpaɪ]
raaf (de)	raven	['reɪvən]

kraai (de)	crow	[krəʊ]
kauw (de)	jackdaw	['dʒækdɔ:]
roek (de)	rook	[rʊk]
eend (de)	duck	[dʌk]
gans (de)	goose	[gu:s]
fazant (de)	pheasant	['fezənt]
arend (de)	eagle	['i:gəl]
havik (de)	hawk	[hɔ:k]
valk (de)	falcon	['fɔ:lkən]
gier (de)	vulture	['vʌltʃə]
condor (de)	condor	['kɒndɔ:(r)]
zwaan (de)	swan	[swɒn]
kraanvogel (de)	crane	[kreɪn]
ooievaar (de)	stork	[stɔ:k]
papegaai (de)	parrot	['pærət]
kolibrie (de)	hummingbird	['hʌmɪŋ,bɜ:d]
pauw (de)	peacock	['pi:kɒk]
struisvogel (de)	ostrich	['ɒstrɪtʃ]
reiger (de)	heron	['herən]
flamingo (de)	flamingo	[flə'mɪŋgəʊ]
pelikaan (de)	pelican	['pelɪkən]
nachtegaal (de)	nightingale	['naɪtɪŋgeɪl]
zwaluw (de)	swallow	['swɒləʊ]
lijster (de)	thrush	[θrʌʃ]
zanglijster (de)	song thrush	[sɒŋ θrʌʃ]
merel (de)	blackbird	['blæk,bɜ:d]
gierzwaluw (de)	swift	[swɪft]
leeuwerik (de)	lark	[lɑ:k]
kwartel (de)	quail	[kweɪl]
specht (de)	woodpecker	['wʊd,pekə(r)]
koekoek (de)	cuckoo	['kʊku:]
uil (de)	owl	[aʊl]
oehoe (de)	eagle owl	['i:gəl aʊl]
auerhoen (het)	wood grouse	[wʊd graʊs]
korhoen (het)	black grouse	[blæk graʊs]
patrijs (de)	partridge	['pɑ:trɪdʒ]
spreeuw (de)	starling	['stɑ:lɪŋ]
kanarie (de)	canary	[kə'neərɪ]
hazelhoen (het)	hazel grouse	['heɪzəl graʊs]
vink (de)	chaffinch	['tʃæfɪntʃ]
goudvink (de)	bullfinch	['bʊlfɪntʃ]
meeuw (de)	seagull	['si:gʌl]
albatros (de)	albatross	['ælbətrɒs]
pinguïn (de)	penguin	['peŋgwɪn]

91. Vis. Zeedieren

brasem (de)	bream	[bri:m]
karper (de)	carp	[kɑ:p]
baars (de)	perch	[pɜ:tʃ]
meerval (de)	catfish	['kætfɪʃ]
snoek (de)	pike	[paɪk]
zalm (de)	salmon	['sæmən]
steur (de)	sturgeon	['stɜ:dʒən]
haring (de)	herring	['herɪŋ]
atlantische zalm (de)	Atlantic salmon	[ət'læntɪk 'sæmən]
makreel (de)	mackerel	['mækərəl]
platvis (de)	flatfish	['flætfɪʃ]
snoekbaars (de)	pike perch	[paɪk pɜ:tʃ]
kabeljauw (de)	cod	[kɒd]
tonijn (de)	tuna	['tju:nə]
forel (de)	trout	[traʊt]
paling (de)	eel	[i:l]
sidderrog (de)	electric ray	[ɪ'lektrɪk reɪ]
murene (de)	moray eel	['mɒreɪ i:l]
piranha (de)	piranha	[pɪ'rɑ:nə]
haai (de)	shark	[ʃɑ:k]
dolfijn (de)	dolphin	['dɒlfɪn]
walvis (de)	whale	[weɪl]
krab (de)	crab	[kræb]
kwal (de)	jellyfish	['dʒelɪfɪʃ]
octopus (de)	octopus	['ɒktəpəs]
zeester (de)	starfish	['stɑ:fɪʃ]
zee-egel (de)	sea urchin	[si: 'ɜ:tʃɪn]
zeepaardje (het)	seahorse	['si:hɔ:s]
oester (de)	oyster	['ɔɪstə(r)]
garnaal (de)	prawn	[prɔ:n]
kreeft (de)	lobster	['lɒbstə(r)]
langoest (de)	spiny lobster	['spaɪnɪ 'lɒbstə(r)]

92. Amfibieën. Reptielen

slang (de)	snake	[sneɪk]
giftig (slang)	venomous	['venəməs]
adder (de)	viper	['vaɪpə(r)]
cobra (de)	cobra	['kəʊbrə]
python (de)	python	['paɪθən]
boa (de)	boa	['bəʊə]
ringslang (de)	grass snake	['grɑ:s͵sneɪk]

| ratelslang (de) | rattle snake | ['rætəl sneɪk] |
| anaconda (de) | anaconda | [ænə'kɒndə] |

hagedis (de)	lizard	['lɪzəd]
leguaan (de)	iguana	[ɪ'gwɑ:nə]
varaan (de)	monitor lizard	['mɒnɪtə 'lɪzəd]
salamander (de)	salamander	['sælə͵mændə(r)]
kameleon (de)	chameleon	[kə'mi:lɪən]
schorpioen (de)	scorpion	['skɔ:pɪən]

schildpad (de)	turtle, tortoise	['tɜ:təl], ['tɔ:təs]
kikker (de)	frog	[frɒg]
pad (de)	toad	[təʊd]
krokodil (de)	crocodile	['krɒkədaɪl]

93. Insecten

insect (het)	insect	['ɪnsekt]
vlinder (de)	butterfly	['bʌtəflaɪ]
mier (de)	ant	[ænt]
vlieg (de)	fly	[flaɪ]
mug (de)	mosquito	[mə'ski:təʊ]
kever (de)	beetle	['bi:təl]

wesp (de)	wasp	[wɒsp]
bij (de)	bee	[bi:]
hommel (de)	bumblebee	['bʌmbəlbi:]
horzel (de)	gadfly	['gædflaɪ]

| spin (de) | spider | ['spaɪdə(r)] |
| spinnenweb (het) | spider's web | ['spaɪdəz web] |

libel (de)	dragonfly	['drægənflaɪ]
sprinkhaan (de)	grasshopper	['grɑ:s͵hɒpə(r)]
nachtvlinder (de)	moth	[mɒθ]

kakkerlak (de)	cockroach	['kɒkrəʊtʃ]
mijt (de)	tick	[tɪk]
vlo (de)	flea	[fli:]
kriebelmug (de)	midge	[mɪdʒ]

treksprinkhaan (de)	locust	['ləʊkəst]
slak (de)	snail	[sneɪl]
krekel (de)	cricket	['krɪkɪt]
glimworm (de)	firefly	['faɪəflaɪ]
lieveheersbeestje (het)	ladybird	['leɪdɪbɜ:d]
meikever (de)	cockchafer	['kɒk͵tʃeɪfə(r)]

bloedzuiger (de)	leech	[li:tʃ]
rups (de)	caterpillar	['kætəpɪlə(r)]
aardworm (de)	earthworm	['ɜ:θwɜ:m]
larve (de)	larva	['lɑ:və]

FLORA

94. Bomen

boom (de)	tree	[triː]
loof- (abn)	deciduous	[dɪˈsɪdjʊəs]
dennen- (abn)	coniferous	[kəˈnɪfərəs]
groenblijvend (bn)	evergreen	[ˈevəgriːn]

appelboom (de)	apple tree	[ˈæpəl ˌtriː]
perenboom (de)	pear tree	[ˈpeə ˌtriː]
pruimelaar (de)	plum tree	[ˈplʌm triː]

berk (de)	birch	[bɜːtʃ]
eik (de)	oak	[əʊk]
linde (de)	linden tree	[ˈlɪndən triː]
esp (de)	aspen	[ˈæspən]
esdoorn (de)	maple	[ˈmeɪpəl]

spar (de)	spruce	[spruːs]
den (de)	pine	[paɪn]
lariks (de)	larch	[lɑːtʃ]
zilverspar (de)	fir	[fɜː(r)]
ceder (de)	cedar	[ˈsiːdə(r)]

populier (de)	poplar	[ˈpɒplə(r)]
lijsterbes (de)	rowan	[ˈrəʊən]
wilg (de)	willow	[ˈwɪləʊ]
els (de)	alder	[ˈɔːldə(r)]

beuk (de)	beech	[biːtʃ]
iep (de)	elm	[elm]
es (de)	ash	[æʃ]
kastanje (de)	chestnut	[ˈtʃesnʌt]

magnolia (de)	magnolia	[mægˈnəʊlɪə]
palm (de)	palm tree	[pɑːm triː]
cipres (de)	cypress	[ˈsaɪprəs]

mangrove (de)	mangrove	[ˈmæŋgrəʊv]
baobab (apenbroodboom)	baobab	[ˈbeɪəʊˌbæb]
eucalyptus (de)	eucalyptus	[juːkəˈlɪptəs]
mammoetboom (de)	sequoia	[sɪˈkwɔɪə]

95. Heesters

| struik (de) | bush | [bʊʃ] |
| heester (de) | shrub | [ʃrʌb] |

| wijnstok (de) | grapevine | ['greɪpvaɪn] |
| wijngaard (de) | vineyard | ['vɪnjəd] |

frambozenstruik (de)	raspberry bush	['rɑːzbərɪ buʃ]
rode bessenstruik (de)	redcurrant bush	['redkʌrənt buʃ]
kruisbessenstruik (de)	gooseberry bush	['guzbərɪ ˌbuʃ]

acacia (de)	acacia	[ə'keɪʃə]
zuurbes (de)	barberry	['bɑːbərɪ]
jasmijn (de)	jasmine	['dʒæzmɪn]

jeneverbes (de)	juniper	['dʒuːnɪpə(r)]
rozenstruik (de)	rosebush	['rəʊzbuʃ]
hondsroos (de)	dog rose	['dɒg ˌrəʊz]

96. Vruchten. Bessen

vrucht (de)	fruit	[fruːt]
vruchten (mv.)	fruits	[fruːts]
appel (de)	apple	['æpəl]
peer (de)	pear	[peə(r)]
pruim (de)	plum	[plʌm]
aardbei (de)	strawberry	['strɔːbərɪ]
druif (de)	grape	[greɪp]

framboos (de)	raspberry	['rɑːzbərɪ]
zwarte bes (de)	blackcurrant	[ˌblæk'kʌrənt]
rode bes (de)	redcurrant	['redkʌrənt]
kruisbes (de)	gooseberry	['guzbərɪ]
veenbes (de)	cranberry	['krænbərɪ]
sinaasappel (de)	orange	['ɒrɪndʒ]
mandarijn (de)	tangerine	[ˌtændʒə'riːn]
ananas (de)	pineapple	['paɪnˌæpəl]
banaan (de)	banana	[bə'nɑːnə]
dadel (de)	date	[deɪt]

citroen (de)	lemon	['lemən]
abrikoos (de)	apricot	['eɪprɪkɒt]
perzik (de)	peach	[piːtʃ]
kiwi (de)	kiwi	['kiːwiː]
grapefruit (de)	grapefruit	['greɪpfruːt]

bes (de)	berry	['berɪ]
bessen (mv.)	berries	['berɪːz]
vossenbes (de)	cowberry	['kaʊberɪ]
bosaardbei (de)	wild strawberry	[ˌwaɪld 'strɔːbərɪ]
bosbes (de)	bilberry	['bɪlbərɪ]

97. Bloemen. Planten

| bloem (de) | flower | ['flaʊə(r)] |
| boeket (het) | bouquet | [bu'keɪ] |

roos (de)	rose	[rəʊz]
tulp (de)	tulip	['tjuːlɪp]
anjer (de)	carnation	[kɑːˈneɪʃən]
gladiool (de)	gladiolus	[ˌglædɪˈəʊləs]

korenbloem (de)	cornflower	['kɔːnflaʊə(r)]
klokje (het)	bluebell	['bluːbel]
paardenbloem (de)	dandelion	['dændɪlaɪən]
kamille (de)	camomile	['kæməmaɪl]

aloë (de)	aloe	['æləʊ]
cactus (de)	cactus	['kæktəs]
ficus (de)	rubber plant, ficus	['rʌbə plɑːnt], ['faɪkəs]

lelie (de)	lily	['lɪlɪ]
geranium (de)	geranium	[dʒɪˈreɪnjəm]
hyacint (de)	hyacinth	['haɪəsɪnθ]

mimosa (de)	mimosa	[mɪˈməʊzə]
narcis (de)	narcissus	[nɑːˈsɪsəs]
Oostindische kers (de)	nasturtium	[nəsˈtɜːʃəm]

orchidee (de)	orchid	['ɔːkɪd]
pioenroos (de)	peony	['piːənɪ]
viooltje (het)	violet	['vaɪələt]

driekleurig viooltje (het)	pansy	['pænzɪ]
vergeet-mij-nietje (het)	forget-me-not	[fəˈget mi ˌnɒt]
madeliefje (het)	daisy	['deɪzɪ]

papaver (de)	poppy	['pɒpɪ]
hennep (de)	hemp	[hemp]
munt (de)	mint	[mɪnt]

| lelietje-van-dalen (het) | lily of the valley | ['lɪlɪ əv ðə 'vælɪ] |
| sneeuwklokje (het) | snowdrop | ['snəʊdrɒp] |

brandnetel (de)	nettle	['netəl]
veldzuring (de)	sorrel	['sɒrəl]
waterlelie (de)	water lily	['wɔːtə 'lɪlɪ]
varen (de)	fern	[fɜːn]
korstmos (het)	lichen	['laɪkən]

oranjerie (de)	tropical glasshouse	['trɒpɪkəl 'glɑːshaʊs]
gazon (het)	lawn	[lɔːn]
bloemperk (het)	flowerbed	['flaʊəbed]

plant (de)	plant	[plɑːnt]
gras (het)	grass	[grɑːs]
grasspriet (de)	blade of grass	[bleɪd əv grɑːs]

blad (het)	leaf	[liːf]
bloemblad (het)	petal	['petəl]
stengel (de)	stem	[stem]
knol (de)	tuber	['tjuːbə(r)]
scheut (de)	young plant	[jʌŋ plɑːnt]

doorn (de)	thorn	[θɔːn]
bloeien (ww)	to blossom (vi)	[tə 'blɒsəm]
verwelken (ww)	to fade (vi)	[tə feɪd]
geur (de)	smell	[smel]
snijden (bijv. bloemen ~)	to cut (vt)	[tə kʌt]
plukken (bloemen ~)	to pick (vt)	[tə pɪk]

98. Granen, graankorrels

graan (het)	grain	[greɪn]
graangewassen (mv.)	cereal crops	['sɪərɪəl krɒps]
aar (de)	ear	[ɪə(r)]
tarwe (de)	wheat	[wiːt]
rogge (de)	rye	[raɪ]
haver (de)	oats	[əʊts]
gierst (de)	millet	['mɪlɪt]
gerst (de)	barley	['bɑːlɪ]
maïs (de)	maize	[meɪz]
rijst (de)	rice	[raɪs]
boekweit (de)	buckwheat	['bʌkwiːt]
erwt (de)	pea	[piː]
boon (de)	kidney bean	['kɪdnɪ biːn]
soja (de)	soya	['sɔɪə]
linze (de)	lentil	['lentɪl]
bonen (mv.)	beans	[biːnz]

LANDEN VAN DE WERELD

99. Landen. Deel 1

Afghanistan (het)	Afghanistan	[æf'gænɪˌstæn]
Albanië (het)	Albania	[æl'beɪnɪə]
Argentinië (het)	Argentina	[ˌɑːdʒən'tiːnə]
Armenië (het)	Armenia	[ɑː'miːnɪə]
Australië (het)	Australia	[ɒ'streɪljə]
Azerbeidzjan (het)	Azerbaijan	[ˌæzəbaɪ'dʒɑːn]
Bahama's (mv.)	The Bahamas	[ðə bə'hɑːməz]
Bangladesh (het)	Bangladesh	[ˌbæŋɡlə'deʃ]
België (het)	Belgium	['beldʒəm]
Bolivia (het)	Bolivia	[bə'lɪvɪə]
Bosnië en Herzegovina (het)	Bosnia-Herzegovina	['bɒznɪə-ˌheətsəgə'viːnə]
Brazilië (het)	Brazil	[brə'zɪl]
Bulgarije (het)	Bulgaria	[bʌl'geərɪə]
Cambodja (het)	Cambodia	[kæm'bəʊdjə]
Canada (het)	Canada	['kænədə]
Chili (het)	Chile	['tʃɪlɪ]
China (het)	China	['tʃaɪnə]
Colombia (het)	Colombia	[kə'lɒmbɪə]
Cuba (het)	Cuba	['kjuːbə]
Cyprus (het)	Cyprus	['saɪprəs]
Denemarken (het)	Denmark	['denmɑːk]
Dominicaanse Republiek (de)	Dominican Republic	[də'mɪnɪkən rɪ'pʌblɪk]
Duitsland (het)	Germany	['dʒɜːmənɪ]
Ecuador (het)	Ecuador	['ekwədɔː(r)]
Egypte (het)	Egypt	['iːdʒɪpt]
Engeland (het)	England	['ɪŋɡlənd]
Estland (het)	Estonia	[e'stəʊnjə]
Finland (het)	Finland	['fɪnlənd]
Frankrijk (het)	France	[frɑːns]
Frans-Polynesië	French Polynesia	[frentʃ ˌpɒlɪ'niːzjə]
Georgië (het)	Georgia	['dʒɔːdʒə]
Ghana (het)	Ghana	['gɑːnə]
Griekenland (het)	Greece	[griːs]
Groot-Brittannië (het)	Great Britain	[greɪt 'brɪtən]
Haïti (het)	Haiti	['heɪtɪ]
Hongarije (het)	Hungary	['hʌŋgərɪ]
Ierland (het)	Ireland	['aɪələnd]
IJsland (het)	Iceland	['aɪslənd]
India (het)	India	['ɪndɪə]
Indonesië (het)	Indonesia	[ˌɪndə'niːzjə]

Irak (het)	**Iraq**	[ɪ'rɑːk]
Iran (het)	**Iran**	[ɪ'rɑːn]
Israël (het)	**Israel**	['ɪzreɪəl]
Italië (het)	**Italy**	['ɪtəlɪ]

100. Landen. Deel 2

Jamaica (het)	**Jamaica**	[dʒə'meɪkə]
Japan (het)	**Japan**	[dʒə'pæn]
Jordanië (het)	**Jordan**	['dʒɔːdən]
Kazakstan (het)	**Kazakhstan**	[ˌkæzæk'stɑːn]
Kenia (het)	**Kenya**	['kenjə]
Kirgizië (het)	**Kirghizia**	[kɜ'gɪzɪə]
Koeweit (het)	**Kuwait**	[ku'weɪt]
Kroatië (het)	**Croatia**	[krəʊ'eɪʃə]
Laos (het)	**Laos**	[laʊs]
Letland (het)	**Latvia**	['lætvɪə]
Libanon (het)	**Lebanon**	['lebənən]
Libië (het)	**Libya**	['lɪbɪə]
Liechtenstein (het)	**Liechtenstein**	['lɪktənstaɪn]
Litouwen (het)	**Lithuania**	[ˌlɪθju'eɪnjə]
Luxemburg (het)	**Luxembourg**	['lʌksəmbɜːg]
Macedonië (het)	**Macedonia**	[ˌmæsɪ'dəʊnɪə]
Madagaskar (het)	**Madagascar**	[ˌmædə'gæskə(r)]
Maleisië (het)	**Malaysia**	[mə'leɪzɪə]
Malta (het)	**Malta**	['mɔːltə]
Marokko (het)	**Morocco**	[mə'rɒkəʊ]
Mexico (het)	**Mexico**	['meksɪkəʊ]
Moldavië (het)	**Moldavia**	[mɒl'deɪvɪə]
Monaco (het)	**Monaco**	['mɒnəkəʊ]
Mongolië (het)	**Mongolia**	[mɒŋ'gəʊlɪə]
Montenegro (het)	**Montenegro**	[ˌmɒntɪ'niːgrəʊ]
Myanmar (het)	**Myanmar**	[ˌmaɪæn'mɑː(r)]
Namibië (het)	**Namibia**	[nə'mɪbɪə]
Nederland (het)	**Netherlands**	['neðələndz]
Nepal (het)	**Nepal**	[nɪ'pɔːl]
Nieuw-Zeeland (het)	**New Zealand**	[nju: 'ziːlənd]
Noord-Korea (het)	**North Korea**	[nɔːθ kə'rɪə]
Noorwegen (het)	**Norway**	['nɔːweɪ]
Oekraïne (het)	**Ukraine**	[juːˈkreɪn]
Oezbekistan (het)	**Uzbekistan**	[ʊzˌbekɪ'stɑːn]
Oostenrijk (het)	**Austria**	['ɒstrɪə]

101. Landen. Deel 3

Pakistan (het)	**Pakistan**	[ˌpɑːkɪ'stɑːn]
Palestijnse autonomie (de)	**Palestine**	['pæləˌstaɪn]
Panama (het)	**Panama**	['pænəmɑː]

Paraguay (het)	Paraguay	['pærəgwaɪ]
Peru (het)	Peru	[pə'ru:]
Polen (het)	Poland	['pəʊlənd]
Portugal (het)	Portugal	['pɔ:tʃʊgəl]
Roemenië (het)	Romania	[ru:'meɪnɪə]

Rusland (het)	Russia	['rʌʃə]
Saoedi-Arabië (het)	Saudi Arabia	['saʊdɪ ə'reɪbɪə]
Schotland (het)	Scotland	['skɒtlənd]
Senegal (het)	Senegal	[ˌsenɪ'gɔ:l]
Servië (het)	Serbia	['sɜ:bɪə]
Slovenië (het)	Slovenia	[slə'vi:nɪə]
Slowakije (het)	Slovakia	[slə'vækɪə]
Spanje (het)	Spain	[speɪn]

Suriname (het)	Suriname	[ˌsʊərɪ'næm]
Syrië (het)	Syria	['sɪrɪə]
Tadzjikistan (het)	Tajikistan	[tɑ:ˌdʒɪkɪ'stɑ:n]
Taiwan (het)	Taiwan	[ˌtaɪ'wɑ:n]
Tanzania (het)	Tanzania	[ˌtænzə'nɪə]
Tasmanië (het)	Tasmania	[tæz'meɪnjə]
Thailand (het)	Thailand	['taɪlænd]

Tsjechië (het)	Czech Republic	[tʃek rɪ'pʌblɪk]
Tunesië (het)	Tunisia	[tju:'nɪzɪə]
Turkije (het)	Turkey	['tɜ:kɪ]
Turkmenistan (het)	Turkmenistan	[ˌtɜ:kmenɪ'stɑ:n]
Uruguay (het)	Uruguay	['jʊərəgwaɪ]
Vaticaanstad (de)	Vatican	['vætɪkən]
Venezuela (het)	Venezuela	[ˌvenɪ'zweɪlə]
Verenigde Arabische Emiraten	United Arab Emirates	[ju:'naɪtɪd 'ærəb 'emərəts]

Verenigde Staten van Amerika	United States of America	[ju:'naɪtɪd steɪts əv ə'merɪkə]
Vietnam (het)	Vietnam	[ˌvjet'næm]
Wit-Rusland (het)	Belarus	[ˌbelə'ru:s]
Zanzibar (het)	Zanzibar	[ˌzænzɪ'bɑ:(r)]
Zuid-Afrika (het)	South Africa	[saʊθ 'æfrɪkə]
Zuid-Korea (het)	South Korea	[saʊθ kə'rɪə]
Zweden (het)	Sweden	['swi:dən]
Zwitserland (het)	Switzerland	['swɪtsələnd]